SCHÖNING'S REISEFÜHRER

HANSESTADT LÜBECK

UNESCO-WELTKULTURERBE

Text u. Konzept: Franz Lerchenmüller
Bildauswahl und Gestaltung: N. Arndt
Redaktion: R. Dohrmann
Pläne: Huber-Kartograph
Fotos: S. E. Arndt, U. Bode, R. C
Gaede, S. Gödecke, W. Kraatz, F. Küh
F. Lerchenmüller, W. Okon, C. Reinh
M. Stein, H. Wanke, H. Wedig M
Dank auch dem Heinrich-und-Tho
der Verwaltung der Museen der
der H. F. v. Melle GmbH u. de

SCHÖNING VERLAG

An der Hülshorst 5 · 23568 LÜBECK
☎ (04 51) 31 03-0 · Fax (04 51) 3 52 83
E-Mail: info@schoening-verlag.de
Internet: www.schoening-verlag.de
ISBN: 978-3-89917-147-1
5. Auflage

HERZLICH WILLKOMMEN IN LÜBECK

Schön ist sie, die Stadt.
Wunderbar übersichtlich, von ehrwürdigem Alter, so richtig was fürs Auge. Dazu von Grün und Wasser umgeben und ganz nah am Meer. In Lübeck zu wohnen, ist ein Vergnügen.
Das Zweitbeste, was jemand passieren kann, ist: Lübeck zu besuchen. Dieser Führer will Ihnen helfen, die Hansestadt zu erleben und zu verstehen. Freuen Sie sich darauf! Es ist eine spannende Sache, sich auf eine Stadt einzulassen, die im 15. Jh. nach Köln und Prag die drittgrößte des Heiligen Römischen Reiches Deutscher Nation war.
1987 hat die UNESCO die gesamte Altstadt von Lübeck zum Weltkulturerbe erklärt. Fast 1300 Häuser, Kirchen und Höfe stehen noch einmal einzeln unter Denkmalschutz. Es kostet uns viel Geld und Energie, sie alle fachgerecht zu erhalten. Aber wir investieren beides gern. Und wir versuchen immer wieder, 850 Jahre alte Mauern und frische Ideen unter einen Hut zu bringen. Denn Lübeck soll jung und lebendig bleiben. Soll weder

Die berühmte Ansicht der Reichsstadt Lübeck mit ihrer mittelalterlichen Skyline

nostalgische Puppenstube noch gesichtsloses Einkaufszentrum werden.

Wir, die Einwohner Lübecks lieben unsere Stadt. Und wir sind sicher: Auch Sie werden schon bald von ihr begeistert sein.

Erschließen Sie sich Schritt für Schritt die untergegangene Welt der Hanse. Erkunden Sie die verschwiegenen Ecken mittelalterlicher Gänge. Bummeln Sie durch unsere hübschen Einkaufsstraßen und staunen Sie über die berühmte Silhouette mit den sieben Türmen – frühmorgens oder abends haben Sie vom Drägerpark im Stadtteil Marli aus den besten Blick.

Entdecken Sie Lübeck, Straße für Straße, Haus um Haus. Fast jedes hat eine lange Vergangenheit. Aber nicht jedes ist so alt, wie es tut. Lassen Sie sich einfach überraschen.

Alle Geschichten können wir natürlich nicht erzählen. Aber seien Sie sicher: Alles, was schön, alles, was bemerkenswert, alles, was wichtig ist an der Hansestadt finden Sie auf diesen Seiten. Lübeck ist aufgeschichtete Zeit, ein Bilderbuch aus Backstein – und doch ganz in der Gegenwart zu Hause. Tauchen Sie ein. Seien Sie herzlich willkommen. Machen Sie unsere Stadt zu Ihrer Stadt.

in einem Stich von Merian

Wohlgeordnet nach altem Plan liegt Lübeck zwischen Trave und Wakenitz au

BILD DER STADT

Blicken Sie auf den Stadtplan von Lübeck. Und nun stellen Sie sich die Gräten einer Scholle vor. Die Ähnlichkeit der Struktur fällt Ihnen sofort auf. Da ist die breite, leicht erhöhte, leicht gekrümmte „Mittelgräte“ Große Burgstraße - Königstraße/Breite Straße - Mühlenstraße. Davon gehen nach beiden Seiten die „Rippenstraßen“ ab. Das ist kein Zufall. Lübeck wurde ganz gezielt nach den Bedürfnissen einer Handelsstadt angelegt: Zur Trave hin, an der die Schiffe anlegten, kamen die großen Speicher. Dahinter die repräsentativen Häuser der Kaufleute, so groß, dass sie auch als Warenlager genutzt werden konnten. Auf der anderen Seite, zur Wakenitz und an der Obertrave, entstanden die Quartiere der Handwerker, deren Tätigkeit mit mehr Lärm, manchmal auch Gestank verbunden waren: Fleischhauer, Glocken-

einer Insel

gießer, Gerber. Und dazwischen, auf dem Rücken des flachen Hügels, wurden Rathaus, St. Marien und Heiligengeist-Hospital errichtet, die Prachtbauten, die den Reichtum und den Anspruch der Stadt nach innen und außen dokumentierten. Aus Backstein wurden sie gebaut, weil kein anderer Stein da war. Auch die Privathäuser führte man in Backstein aus. Mit der Giebelseite zur Straße, weil sich nach der Breite der Fassade die Grundsteuer bemaß.

Backstein setzte der Gestaltung Grenzen, führte aber auch zu großer Einheitlichkeit. Übertriebener Einheitlichkeit, fanden manche Hausbesitzer im 18./19. Jh. Und wechselten einfach die Fassade aus - je nachdem, was die architektonische Mode verlangte: Ein neues Kleid vors alte Haus.

Rund 850 Jahre ist es her, dass die Planer die Stadt entworfen haben. Und viele Straßen verlaufen immer noch genau wie damals.

CONCORDIA DOMI FORIS PAX

Holstentor

Das Holstentor war den Westdeutschen viele Jahre lang lieb und teuer. Zierte es doch die Rückseite des braunen 50-Mark-Scheins – ein Werbezettel in einer Auflage von 5,8 Millionen Stück, den besten, den Lübeck je hatte. Klar, dass eine Bürgerinitiative gegen die Abschaffung der Banknote 1990 kämpfte. Ohne Erfolg, wie Sie wissen.

Das richtige **Holstentor** aber steht immer noch an seinem Platz vor der Altstadt: Wuchtig, wehrhaft, kleiner als meist erwartet, und ein wenig schief, weil der Grund sumpfig ist. 1478 war es fertig geworden, zur Abwehr gegen die Dänen, die damals Holstein beherrschten. Später kamen ein Tor davor und eines dahinter dazu. Beide sind noch zu sehen – als Modelle in Vitrinen beim Kiosk neben dem Tor und an der Ecke Obertrave/Holstenstraße. Arbeitslose Jugendliche haben sie im Maßstab 1:30 aus handgemachten Steinen nachgebaut. Die großen Wälle links und rechts wurden erst Mitte des 19. Jh. abgetragen, als man die Eisenbahn baute. Damals kamen auch Überlegungen auf, das baufällige Tor abzureißen – was eine Stimme Mehrheit in der Bürgerschaft verhinderte.

Ein Meter dick ist die Mauer zur Stadt hin, drei Meter nach außen. „Concordia Domi Foris Pax“ steht dort, „Eintracht drinnen, Friede draußen“. Auf der Rückseite prangt „S.P.Q.L. 1871“. Senatus populusque Lubicensis – Senat und Volk von Lübeck haben es 1871 renoviert, eine etwas großspurige Anlehnung an Inschriften im alten Rom.

In den Salzspeichern lagerte das „Weiße Gold“, das Salz aus Lüneburg

Die Schöne auf der Brücke

Im Inneren finden Sie das **Holstentormuseum** mit der Ausstellung „Die Hanse - Macht des Handels". Ein Raum zeigt die Waren, mit denen Lübeck reich wurde: Pelze, Wolle, Salz und Wein. Aber auch Steingut, Harnische, Heiligenfiguren aus hiesigen Werkstätten. Ein anderer dokumentiert die Geschichte des Holstentores. Ein Stockwerk höher erwarten ein mittelalterlicher Markt mit Geräuschkulisse, ein kurzer Film zur Stadtentwicklung und ein raumfüllendes Modell Lübecks um 1650 die Besucher. Überall Informationen zum Aufklappen, Herausziehen, Anknipsen und Umdrehen – ein modernes Konzept im alten Gemäuer.

Rechterhand Richtung Stadt ziehen die **Salzspeicher** die Blicke auf sich. In den sechs Giebelhäusern aus dem 17. und 18. Jh. wurde Salz gelagert. Auf flachen Kähnen schaffte man es über den Stecknitzkanal aus Lüneburg heran und verschiffte es weiter über die Ostsee. So ganz echt sind die schönen Fassaden freilich nicht. Sie wurden Mitte des 19. Jh. abgerissen und neu aufgemauert. Gleich dahinter führt die **Holstenbrücke** in die Stadt. Links und rechts davon legen die Ausflugsschiffe ab.

Wenn Sie in die Gegenrichtung bummeln, vom Holstentor durch die Grünanlagen mit den beiden eisernen Löwen am Ende, erkennen Sie links hinter den Bäumen die **Holstentorhalle**. 1926, als die Stadt 700 Jahre Reichsfreiheit feierte, hat Friederich Wilhelm Virck sie aus Klinker erbauen lassen. Geradeaus gelangen Sie auf die **Puppenbrücke**. 1907 wurde sie fertiggestellt, die „Puppen", die Figuren darauf, stammen von Diedrich Jürgen Boy und schmückten seit 1774 die Vorgängerbrücke. Die Originale stehen freilich schon seit 1985 im St.-Annen-Museum. Die Abgase hatten ihnen arg zugesetzt. Flussgott Trave, Eintracht, Tapferkeit, Klugheit (von hier aus links) und Frieden, Freiheit, Merkur und Neptun sind also Kopien aus Kunststein. Überqueren Sie den Lindenteller, gelangen Sie zum Jugendstil-**Bahnhof** von 1908. Und zum erst 2003 fertiggestellten Kaufhauskomplex **Linden Arcaden**.

Gott Merkur in voller Pracht

Lübeck einst und jetzt

„Prima Lage", muss sich Graf Adolf II. von Schauenburg gedacht haben, als er die Gegend in Augenschein nahm: Ein sanfter Höhenrücken von zwei Kilometer Länge und einem Kilometer Breite, geborgen zwischen den Flüssen Trave und Wakenitz. Weit genug von der Ostsee entfernt, um nicht überschwemmt zu werden, und doch mit der See verbunden, so dass er für einen Hafen in Frage kam. „Prima Platz für eine Stadt." Und die gründete er 1143. Zu den Slawen, die seit der Völkerwanderung hier siedelten, rief er friesische, westfälische und holländische Kolonisatoren ins Land.

Leider brannte der Flecken 1157 ab. Den verwüsteten Platz trat Adolf an Heinrich den Löwen ab, der schon von Anfang an ein Auge darauf geworfen hatte. Der baute die Stadt 1159 noch einmal auf. Handwerker und Kaufleute ließen sich nieder, die Einwohnerzahl stieg rapide an. Der Bischof verlegte seinen Sitz von Oldenburg nach Lübeck, der Seehafen wurde erweitert. Alsbald entwickelte sich Lübeck zur Drehscheibe des Handels zwischen Westen, Norden und Osten. Pelze, Wachs, Honig und Holz kamen aus Russland, Salz aus Lüneburg, Tuch und Waffen aus Flandern, Stockfisch aus Norwegen. 1226 erhielt Lübeck von Friedrich II. die Reichsfreiheit und unterstand damit dem in weiter Ferne residierenden Kaiser direkt.

Die Geschäfte an der Ostsee gingen gut. Auch dank eines neuen Schiffs, das die Lübecker entwickelten. Die Kogge konnte bis zu 300 Tonnen Ladung aufnehmen - jetzt lohnten sich die Fahrten erst richtig. Bald schlossen sich verschiedene Handelsstädte zur losen Interessengemeinschaft der Hanse zusammen. Gemeinsam sicherten sie die Transportwege, handelten Geschäftsprivilegien aus oder belegten widerspenstige Partner mit Blockaden - so etwas wie eine frühe Form der Kartellbildung. Handelskontore entstanden von Bergen bis Köln, von London bis Nowgorod. Und immer ganz vorne dabei, dank Geld, taktischem Geschick, Verlässlichkeit und einer Portion Opportunismus: Lübeck. Die Stadt galt als Königin der Hanse, war schon 1370 die zweitgrößte „deutsche" Stadt hinter Köln. Der Rat von Lübeck schlichtete Streitigkeiten, im Rathaus fand ab 1356 der Hansetag statt, das Lübsche Stadtrecht wurde von mehr als 100 Städten im Ostseeraum übernommen.

Macht und Geld fanden ihren Niederschlag im Stadtbild. Die wichtigsten Bauten - Dom, Marienkirche, St. Petri, Heiligen-Geist-Hospital und Rathaus - wurden bis Mitte des 13. Jh. errichtet. Die Giebelhäuser säumten die Straßen so eng wie vielerorts heute noch, und man verfügte - eine Sensation im Mittelalter - dass wegen der Brandgefahr Häuser zur Straße hin nur in Stein gebaut werden durften. Backstein war es, in späteren Jahrhunderten dann meist verputzt und farbig getüncht.

Amerika wurde 1496 entdeckt, und der 30-jährige Krieg (1618 - 1648) brachte den Handel zum Erliegen. Lübeck wurde dank sei-

ner starken Befestigung nicht erobert. Die Hanse zerfiel. Die Stadt überdauerte ihren Niedergang. Und sie überdauerte auch die Besetzung durch die Franzosen von 1806 bis 1813. Die bürgerliche Revolution von 1848 erlebte sie in der sehr lübschen Ausgabe einer Revolution, wie Thomas Mann in den „Buddenbrooks" beschreibt: Das allgemeine Wahlrecht, das die Bürgerschaft beschloss, war den Handwerkern und Gesellen viel zu fortschrittlich, weil sie einen Verlust ihrer ständischen Privilegien befürchteten.

In der zweiten Hälfte des 19. Jh. wandelte Lübeck sich zu einem Industriestandort. Die Eisenbahn kam, ein Hochofenwerk wurde gebaut, der Hafen erweitert und modernisiert. Politisch wurde die Stadt zum „Roten Lübeck", für das Namen wie Julius Leber und Willy Brandt stehen. Die NSDAP kam an die Macht, es gab Widerstand von Sozialdemokraten, Geistlichen und Kommunisten. Aber das hielt die Nazis nicht auf, die Lübeck zu einem „Nürnberg des Nordens" machen wollten. 1935 hielten sie vor dem Holstentor die erste ihrer pompösen Sonnwendfeiern ab. Zwei Jahre später verlor Lübeck seine Selbstständigkeit - und war nun eine Stadt wie jede andere im Reich auch. 1941/42 wurden die 138 noch verbliebenen Juden nach Riga und Theresienstadt deportiert.

Während des 2. Weltkriegs bombardierte in der Nacht vom 28. auf den 29. März 1942, dem Palmsonntag, die englische Luftwaffe mit 234 Flugzeugen die Stadt, als Vergeltung für die deutschen Luftangriffe auf London und Coventry. 300 Menschen starben in den Flammen, 1468 Bürgerhäuser wurden zerstört, über 11 000 beschädigt, fünf der sieben Kirchtürme sanken in Schutt und Asche – eine Folge des total gewollten Krieges. Die andere: Nach dem Ende, 1945, hatte Lübeck 90 000 Flüchtlinge aufzunehmen. Zudem lag die Stadt plötzlich an der äußersten Grenze der neuen Bundesrepublik, abgeschnitten von einem großen Teil ihres einstigen Hinterlands.

Dort dümpelte sie vor sich hin. In die Kriegslücken setzte man funktionale und eher langweilige Wohn- und Warenhäuser. Zonenrandförderungsmittel flossen, so dass die Stadt wirtschaftlich gerade so über die Runden kam. Bis zum Ende der siebziger Jahre. Dann starben die Werften, die Metallhütte machte zu, die Arbeitslosenzahlen pendelten sich bei 15, 16 Prozent ein. Am 9. November 1989 ging die deutsch-deutsche Grenze auf, (s. S. 90) ein neues Kapitel Geschichte brach an.

Heute, zu Beginn des 3. Jahrtausends, ist Lübeck ein Gemeinwesen im Umbruch, auf dem Weg vom Industriestandort zum modernen Dienstleistungszentrum. Es fehlt, wie überall, an Geld, und es gibt viel zu viele Arbeitslose. Doch die Häfen boomen, die Hochschulen haben einen ausgezeichneten Ruf, Medizin- und Sicherheitstechnik aus Lübeck ist in der ganzen Welt gefragt und der Tourismus wächst von Jahr zu Jahr - in diesen Bereichen liegt die wirtschaftliche Zukunft für die etwa 215 000 Einwohner zählende Stadt.

Bei St.Petri

Warum nicht einmal einen Blick von oben in Lübecks gute Stube riskieren? Von der 50 m hohen Aussichtsplattform auf dem Turm der **Petrikirche**, die Sie mit dem Aufzug erreichen, schauen Sie geradewegs auf den Markt und über die Stadt. Ein kleines Meer von hellroten Dachziegeln, dunkelrotem Backstein und weiß umrandeten Fenstern liegt Ihnen zu Füßen. Blauschwarz fließt die Trave dahin, die Sonne spielt auf den Stufengiebeln, ein Kreuzfahrtschiff hat im Hafen festgemacht. Man sieht aber auch die einzigartige Lage der Stadt, die Wasserläufe, von denen die historische Altstadt umrahmt ist, in weiter Ferne das viele Grün der näheren Umgebung – die Vorstädte sind in eine schöne Landschaft eingebettet. Östlich reicht der Blick hinüber nach Mecklenburg – Lübecks historischem Bezugsland – jahrzehntelang leider Grenzland, – nämlich Westgrenze der DDR. Die Kirche selbst wird Sie überraschen: Weißgetünchte Pfeiler, hohe Fenster, Terrakottafliesen, ein paar Grabplatten aus Granit und ein modernes Kruzifix in Schwarz-Weiß von Arnulf Rainer – sonst nichts. Auch St. Petri wurde im Krieg zerstört, bis 1960 ragten nur die kahlen Außenmauern hoch. Dann kümmerte sich ein Verein um den Wiederaufbau. 1987 wurde St. Petri wieder eingeweiht. Da die Kirche keine eigene Gemeinde hat, wird sie vor allem für Kunstausstellungen, Podiumsdiskussionen und Konzerte genutzt.

Unterhalb, im Kolk 14, einer engen, alten Häuserschlucht, hat Fritz Fey in seinem **Museum für Figurentheater** eine einzigartige Sammlung von Marionetten, Plakaten, Drehorgeln zusammengetragen.

St. Petri: Blick aus 50 m Höhe

z. B. auf das Holstentor

St. Petri nach Restaurierung und Rekonstruktion

Hügelab durch die Große Petersgrube liegt zur Linken die **Musikhochschule**. Die Häuser Nr. 17 bis 29 gehören dazu, ein Bilderbogen gotischer, barocker und klassizistischer Fassaden, mit dem Haupteingang in Nr. 21. Insgesamt 21 denkmalgeschützte Gebäude wurden hier zu einem Ganzen zusammengefügt und größtenteils in ihrer kleinteiligen historischen Substanz belassen. Der Bau erstreckt sich bis zur nächsten Parallelstraße, der Depenau. Hinter der roten Ecke im Glasfenster an der Obertrave verbirgt sich der neue Konzertsaal. Dort geben die Studentinnen und Studenten immer mal wieder hörenswerte öffentliche Konzerte.

Im Museum für Figurentheater

Begonnen hatte alles mit dem Sarazenenkrieger. Auf einer Reise 1971 nach Sizilien führte ein Puppenspieler Fritz Fey in seine 200 Jahre alte „Opera dei Pupi". Theaterfiguren? Ach nee, dachte der Lübecker. Mit Marionetten hatte er nichts am Hut. Doch der braune, über hundert Jahre alte Krieger im goldenen Harnisch war einfach zu schön. Und hängt heute zwischen zwei Karusselpferden an der Wand des Cafes im Museum.

Es war der Beginn einer Leidenschaft. Schon bald baumelten in seiner Wohnung Marionetten von der Vorhangstange, Stabfiguren stapelten sich in der Küche und im Keller musste Platz gemacht werden für eine historische Drehorgel.

So ganz zufällig war das freilich nicht. Schon Vater Fritz hatte nach dem Krieg begonnen, Puppenköpfe zu schnitzen. Bald zog er mit einer kleinen Bühne über Land und trat in den 60er-Jahren häufig im Fernsehen auf. Fritz junior aber wurde Kameramann und war 35 Jahre lang für den NDR in aller Welt unterwegs.

1982 eröffnete er sein kleines Museum. Heute sind dort rund 2000 Figuren, Plakate und Bühnenelemente ausgestellt, 25 000 Besucherinnen und Besucher kommen pro Jahr. Sie entdecken Hamburger Kasperköpfe von 1850, die Nixon, Adenauer und de Gaulle ähneln. Künstlerische Puppen von Oskar Schlemmer, feinziseliertes Schattentheater aus Java. Franz August Schichtl hat sich 1920 in Magdeburg den „großen Türken" ausgedacht, der sich in Nullkommanix in eine Mutter mit fünf Kindern verwandelt. Aus Breslau kommen die groben Holzköpfe mit den Knochen in Lumpen - der zweite Weltkrieg warf noch seine Schatten. Plakate sind da, Automaten-Figuren und ein „Buckel-Bergwerk", das der Aussteller auf seinem Rücken von Jahrmarkt zu Jahrmarkt schleppte.

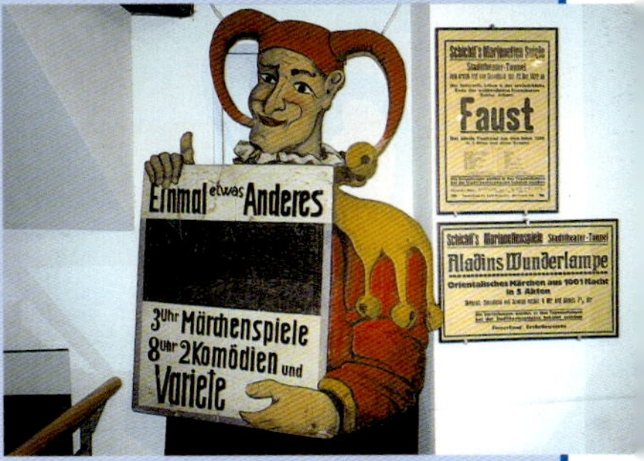

Feys besondere Liebe gehört den „Computern von anno dazumal", den Drehorgeln. Die Clariton-Orgel der Firma „Frati" aus Berlin etwa, 1868 gebaut, entdeckte er in Dänemark. Als er den weißen Überstrich entfernte, kamen Malereien von fröhlichen Tänzern und verliebten Pärchen zum Vorschein. Sie könnten von Heinrich Zille stammen.

Ausgestellt ist nur der zehnte Teil der Sammlung. Über 20 000 Objekte aus aller Welt lagern im Depot. Und immer noch findet sich Neues. „Ich habe eben die Spürnase dafür", lächelt Fey. Und erzählt, wie er in Madras den Rikscha-Fahrern klarmachte, was er suchte, indem er ihnen Fotos von Marionetten zusteckte.

Heute genügt sein guter Ruf. Die Leute bieten ihm Objekte an, weil sie spüren, dass er Respekt hat vor ihrem Handwerkszeug. „Bei

Sammlung mit Weltgeltung: Das Museum für Figurentheater – hier zum Beispiel Figuren für Schattenspiele von Java

alten Puppenspielern gehörten die Figuren zur Familie. So manche wurde dem Vater mit ins Grab gegeben. Und wenn Not war, betete man zu Kasper: „Komm, Kasper, hilf!".

„Ich habe nie luxuriös gelebt", sagt der Mann mit der weißblonden Mähne am Ende. „Sondern jede Mark, die übrig war, in die Sammlung gesteckt". Es hat sich gelohnt.

Hinter einem Bilderbogen von Fassaden so unterschiedlicher Stilrichtungen wie Renaissance, Barock und Klassizismus verbirgt sich die Musikhochschule

Das Rathaus

„Wir sind wer! Und das soll man auch sehen!" So lautet die deutliche Botschaft des Rathauses auf dem **Markt**. Dieser Platz ist Lübecks „gute Stube". Stellen Sie sich mit dem Gesicht zur Marienkirche und betrachten Sie das Mobiliar: Die funktionalen Blocks in Ihrem Rücken stammen aus den 50er Jahren. Mit dem Bau des neuen Kaufhauses zur Linken wurde 2003 begonnen. Das kleine, offene Gebäude rechts, mit dem Kupferdach und dem Backsteinaufsatz ist der Kaak. Oben, im „Finkenbauer", wurden seit dem 15. Jh. kleine Ganoven zur Schau gestellt, unten befanden sich Marktbuden. Der **Kaak** überdauerte den 2. Weltkrieg, wurde 1952 abgebrochen und 1986 mit Spenden Lübecker Bürger wieder aufgebaut.

Und dann ist da natürlich das **Rathaus**, eigentlich kein Haus, sondern ein Gebäude-Ensemble aus mehreren Teilen. Die hohe Südwand direkt vor Ihnen, mit den drei spitzen Türmen, den „Riesen", stammt aus dem 13. Jh. und erhielt 1435 ihre jetzige Form. Die beiden Windlöcher schützen davor, dass eine Bö die Mauer umlegt. 1570 setzte man die Renaissance-Laube aus Gotländer Sandstein davor, geschmückt mit Wappen der Hansestädte und Lübecker Ratsherrn und inzwischen ein paarmal saniert. Dahinter verbirgt sich das eigentliche Rathaus, zwei Langbauten mit einem Innenhof, Mitte des 14. Jh. anstelle der Vorgängergebäude von 1230 errichtet. Die Rückwand zur Marienkirche hin wurde 1435 hochgezogen und Ende des 19. Jh., als man das Rathaus grundlegend sanierte, neu gebaut. Der langgestreckte Flügel auf Granit-Pfeilern, halbrechts, ist das „Danzelhus", als neuer Festsaal von 1298 bis 1308 erbaut. In den Arkaden hatten die

Der Markt, die gute Stube Lübecks: Marienkirche, Kaak und Rathaus

Das Rathaus zu Lübeck: Südwand mit Renaissance-Laube, (links) Danzelhus

(Mitte) und neuem Gemach (rechts)

Rathaus, Detail der Marktfassade

Renaissance-Treppe von 1594, gegenüber Niederegger

Goldschmiede ihre Buden – schön nah am Rat, damit man ihnen auf die Finger sehen konnte. 1442 wurde dieser Flügel verlängert: Das „Neue Gemach" kam hinzu, mit seinen grünglasierten Ziegeln und all den Windlöchern, Türmchen, Sonnen und goldenen Wimpeln. Es beherbergte die berühmte „Kriegsstube" von Tönnies Evers, die 1942 ausbrannte.

Im Winkel von Rathaus und Arkaden finden Sie den Eingang zum Ratskeller. Manche der Pfeiler dort unten stammen noch aus dem 13. Jh. Hier wurde Wein gelagert und ausgeschenkt. Das große Fass von 1800 auf den vier Löwen ist im Innern unterteilt: Zwölf verschiedene Sorten Wein fanden darin Platz. Auch wenn die Gewölbe 1934/35 noch einmal tüchtig umgebaut wurden – das Gefühl, tief in der Vergangenheit zu tafeln, ist erhalten geblieben.

Wieder am Tageslicht gehen Sie nach rechts unter den Arkaden durch in die Breite Straße. Dort haben die Lübecker nach soviel gotischer Strenge ihrem Hang zum Verspielten nachgegeben: Holländische Steinmetze haben 1594 die Renaissance-Treppe angebaut. So gut erhalten, meinen Sie? Kein Wunder: Sie ist schon die zweite Kopie, 1952 angebaut. Am besten sieht man sie übrigens vom Fenster des zweiten Stocks von Marzipan-Niederegger direkt gegenüber. Im Erdgeschoss stapeln sich süße Souvenirs zwischen drängelnden Touristen, im ersten Stock nehmen ältere Damen gern ihren Kaffee samt Nusstorte, und ganz oben befindet sich der Marzipan-Salon: Etwas historisches Gerät, eine junge Dame, die Ihnen zeigt, wie man Marzipanmäuse modelliert, und ein paar Prominente, die alle irgendwie mit Marzipan verbunden sind: Thomas Mann, Wolfgang Joop, der Weihnachtsmann, alle in Lebensgröße - raten Sie mal, aus welchem Material.

20 Meter weiter die Breite Straße hoch hängt schon seit 1586 ein geschnitzter Erker von der Wand, reich verziert vom Lübecker Tönnies Evers mit Ranken und Rosen, Löwen und Masken. Noch ein paar Schritte, und Sie stehen vor dem Eingang zum Rathaus. Die bronzenen Stirnseiten der Bänke links und rechts zeigen den Kaiser und einen Wilden Mann mit lübschem Adler. Hier schlichteten Ratsherrn einst Bagatellstreitigkeiten. Das Portal ziert die Kopie eines Beschlags von Hans Apengeter aus dem Jahr 1347: Der Kaiser im Kreis seiner Kurfürsten. Die Eingangshalle, 1881 ganz im Geschmack der Zeit neugotisch umge-

staltet, strahlt mit ihren Pfeilerbündeln, der Freitreppe und den Historienbildern von Max Koch eine etwas düstere Feierlichkeit aus. Rechterhand führt eine reichgeschnitzte Tür von Tönnies Evers in den Audienzsaal. Hier wurde Recht gesprochen – weshalb die Flügel der Türe unterschiedlich hoch sind: Wer freigesprochen wurde, durfte hocherhobenen Hauptes durch die höhere hinaus. Verurteilte mussten sich durch die niedere bücken - so klein mit Hut. Oder, wie der Volksmund sagte: „Kleine Sünder durch die kleine Tür. Große durch die große." Der Stuck, die Lüster, die rotbespannten Sofas, die zehn Gemälde von Stefano Torelli, die Fleiß, Klugkeit, Verschwiegenheit und andere wünschenswerte Tugenden eines Politikers allegorisieren – alles reinstes Rokoko von 1760. Thomas Mann und Willy Brandt erhielten hier die Ehrenbürgerwürde.

Die Bürgerschaft, Lübecks Parlament, tagt im gleichnamigen Saal mit viel Schnitzerei und Täfelungen

Max Koch: Heinrich der Löwe verleiht Lübeck 1159 die Stadtrechte

von 1890 im ersten Stock. Vom Hansesaal ist nur ein langer Flur mit Bildern ehemaliger Bürgermeister geblieben. Und wo das verbrannte „Kriegsgemach" sich befand, steht heute der „Lübeckschrein" des Tischlers Ferdinand Breindl von 1942: Eine Intarsienarbeit aus 38 heimischen Hölzern, die das Bild der Stadt 1477 zeigt.

Ein Zugeständnis an die Mode der Zeit: Der Audienzsaal im verspielten Rokoko-Stil

Süße Sünde Lübecker Marzipan

Nein, die Lübecker haben das Marzipan nicht erfunden. Und es entstand auch nicht während einer Belagerung, als in höchster Not auf einem gottverlassenen Speicher ausgerechnet noch ein paar Säcke Mandeln und Zucker entdeckt wurden. Und nein, zum dritten Mal: Der Name stammt nicht von „Marcis Panis“ ab, „Markusbrot“, was eine gradlinige Verbindung zu Venedig und seinem Schutzpatron nahegelegt und damit die Herkunft einigermaßen schlüssig erklärt hätte.

Die Wahrheit ist anders. „Erfunden“ wurde das Marzipan im Vorderen Orient. Dort wuchsen Mandeln, dort gab es Rosenwasser, dort wurde Zucker aus Indien eingeführt – alles, was man braucht, um Marzipan herzustellen: Ein Drittel hiervon, zwei Drittel davon, geschält, gerieben, gemischt, geröstet, geformt - fertig war das „Haremskonfekt“, wie Thomas Mann es nannte. Und damit versüßten sich naschhafte Kalifen schon vor tausend und mehr Jahren tausendundeine Nacht.

Der Name dagegen stammt aus dem Mittelmeerraum. „Matzapanen“ hießen die Schachteln, in denen Süßigkeiten aus dem Orient nach Venedig geliefert wurden. Den Inhalt nannte man bald "Mazaban". Die Stadt am Lido war die Drehscheibe für die Schätze des Morgenlands. Venedigs Kaufleute brachten erste Marzipanproben ins restliche Europa. Ein seltener, ein teurer Stoff. Die, die zum erstenmal davon kosteten, erinnerte er irgendwie an die Freuden des Paradieses. Kein Wunder, dass Marzipan schon bald als Aphrodisiakum galt, eine Art mittelalterliches Viagra. Dann als Kraftnahrung. Schließlich als Herzmittel. Nur Apotheker und Klöster durften Marzipan herstellen.

Es schmeckte aber auch zu köstlich. Die Gourmets mit den großen Portemonnaies konnten sich das nicht entgehen lassen. Künftig zierten Marzipanschwäne die Hochzeitstafeln der Fürsten. Päpste nahmen huldvoll Marzipanbrote entgegen. Und bei so manchem Leichenschmaus erinnerte ein Marzipansarg auf der Torte an den Dahingegangenen.

Bei soviel adliger Naschsucht wollten die Bürger nicht zurückstehen: Mehr Marzipan! Für alle – die es bezahlen können! Die Obrigkeit sah es mit Grausen: Welche Verschwendung! Was für eine Völlerei! In vielen Städten Europas versuchte sie, per Dekret den hemmungslosen Verbrauch einzuschränken. So verbot Venedig ausdrücklich das Vergolden von Marzipanfiguren. Vergebens. Die Lüsternheit griff um sich. Die Apotheker rieben sich die Hände.

Der allmählich einsetzende Handel mit Amerika machte Zucker billiger. In Frankreich entstand ein neuer Beruf: der Zuckerbäcker. Einige dieser „Canditoren" wanderten nach Deutschland aus, an die Höfe. Kneteten Konfekt. Zogen Zucker. Modellierten Marzipan. Anfang des 19. Jahrhunderts dann eine fast revolutionäre Entdeckung: Es muß nicht Rohr sein, auch aus Rüben lässt sich Zucker sieden. Und plötzlich kamen Standortvorteile zum Tragen:

Orte mit Hafen und großem Hinterland, Zuckerrübenhinterland, machten Punkte. Städte wie Lübeck am Rande Mecklenburgs etwa. Zuckerbäcker aus dem Engadin ließen sich hier nieder. Und bauten zur Weihnachtszeit große Jahrmarktszenen auf, Ansichten der Stadt, heilige Familien. Aus Marzipan. Zu Tiroler Musik.
Es war die große Zeit der Former und ihrer Model, aus Birnenholz geschnitzt, später in Schwefel gegossen. Das - mitessende - Auge bekam einiges zu verdauen: Einhörner und Füllhörner. Die „Wilde Jagd" und den „Beschaulichen Spaziergang". Die jagende Diana wie die badende Venus - fast immer mit entblößter Brust. Das richtige Präsent für die Geschäftsfreunde. War schließlich Kunst.
Mitte des 19. Jahrhunderts kamen Walz- und Mandelreibmaschinen auf, erste Marzipanfabriken entstanden. Man erdachte neue Pappschachteln zum Transport und bunte Etiketten zur Verkaufsförderung: „Seht den dicken Herrn Magister, warum ist er wohl so dick? Marzipan in Mengen isst er, aus der Marzipanfabrik." Kalorien galten noch nicht als Verkaufshindernis.
Nach und nach fand der Stoff seinen Weg in die Welt, an den russischen Zarenhof wie auf mexikanische Haziendas. Noch traf er mancherorts allerdings auf Banausen: „Marzipan, durch den Lübeck berühmt ist, ist die unverdaulichste Substanz, die ich kenne, ausgenommen Glaserkitt und Bahnhofsbutterbrot", urteilte 1895 ein früher Gastrokritiker in einer Chicagoer Zeitung.

Cafe Niederegger: Mekka für Marzipanfreunde aus aller Welt

Der Zweite Weltkrieg brach aus und endete wie bekannt. Wer jetzt Süßes wollte, mußte selber rühren: Gries, Kartoffeln und Kunsthonig galten als brauchbarer Marzipanersatz. Mit der Währungsreform 1948 wurden im Westen die Röstkessel wieder angeheizt. Und gingen bis heute nicht mehr aus. In über 40 Länder exportieren Lübecker Firmen mittlerweile ihr Marzipan. Den Rest holen sich die Touristen persönlich ab.

St. Marien: So hatte noch niemand zuvor gebaut

Die Ratskirche Sankt Marien

Wechseln Sie nun von der Breiten Straße in den Marien-Kirchhof. Links hinter dem Durchgang erhebt sich in vornehmem Schwarz die Nordseite des Rathauses mit den vier Türmen, rechts erstreckt sich ein Arkadengang, unter Ihren Füßen liegt grobes Kopfsteinpflaster: Nirgendwo sonst spüren Sie die nüchterne Strenge und dunkle Pracht des einstigen Viertels so eindringlich wie hier.

Und schon sind Sie im Bann von St. Marien. So hatte noch niemand zuvor gebaut. Die wuchtigen Türme, die seitlichen Strebepfeiler und Strebebögen, das mächtige Mittelschiff, sicher, man kannte das von den Kathedralen in Frankreich. Aber die Lübecker waren die ersten, die diese Formen aus Backstein hochmauerten. Schmuckloser, einfacher, klarer, das gefiel, und alsbald ahmten andere Städte im Ostseeraum diese Art der Architektur nach.

Rolf Görlers Teufelchen an Sankt Marien

Neben dem Eingang auf dem Granitblock, den der Teufel hindonnerte, weil die Lübecker ein Gotteshaus bauten, statt der ihm versprochenen Kneipe, hat Rolf

Unter den Arkaden lebt die geheimnisvolle Atmosphäre des Marienkirchhofs fort

Die Glocken von St. Marien fielen im Feuersturm Palmsonntag 1942

Goerler mit seinem netten Teufel einen neuen Fotomagnet geschaffen. Im Inneren erinnern zwei mächtige eckige Pfeiler an die romanische Basilika, die ab 1200 hier stand. Sie wurde bald umgebaut: Alle anderen Pfeiler, Wände und die Türme mauerten die Handwerker von der Mitte des 13. bis Mitte des 14. Jh. auf.

Schlanke Pfeiler, spitze Bögen, das Deckengewölbe 40 m hoch, so hoch – nur der überlebensgroße Christophorus auf einer Säule stellt den Kontakt zur Erde wieder her. Schon im Mittelalter waren die Pfeiler bemalt, dann aber immer wieder übertüncht worden. Als die Kirche 1942 ausbrannte, traten unter dem abblätternden Putz die Ranken, Ornamente und Heiligenbilder zutage. Seit den fünfziger Jahren werden sie immer mal wieder restauriert.

Hinten, unter den Türmen, liegen, zerschellt in die Erde gegraben, zwei der **Glocken**, die am Palmsonntag 1942 mit den brennenden Türmen niederstürzten. Das Nagelkreuz wurde aus Metallsplittern der Kirche von Coventry zusammengefügt, die die Nazis 1940 bombardiert hatten. „Ich denke an Coventry - und ich habe nichts einzuwenden gegen die Lehre, dass alles bezahlt werden muss," hatte Thomas Mann nach der Bombardierung Lübecks über die BBC seinen Landsleuten eine gewiss bittere moralische Nachhilfe erteilt.

Der Blick zum Altar wird dominiert vom dreieinhalb Meter hohen Kreuz von Gerhard Marcks (1959).

Astronomische Uhr

Himmelan ragen die Pfeiler im Mittelschiff

Der **Swarte-Altar** darunter stammt von 1495. Das Taufbecken davor hat Hans Apengeter 1337 gegossen. Der Tabernakel mit dem Sakramentshaus zur Linken ist 9 m hoch, 3 t schwer und wurde von Lübecker Handwerkern 1579 aus 1000 Teilen zusammengebaut.

In den Seitenschiffen reihen sich Epitaphe und Kapellen aneinander. Die **Briefkapelle** mit den 9 m hohen schlanken Granitsäulen gehört zu den ältesten Teilen der Kirche. Die „zerbröckelnden" Fenster stammen von Johannes Breitner, 1982. In der Totentanzkapelle hing von 1463 bis 1942 eine Kopie des Lübecker Totentanzes von Bernt Notke. Der Tod holt jeden, ob Bauer, Ratsherr oder Arzt – daran erinnern auch die von Alfred Mahlau entworfenen Glasfenster. Eine neue Totentanz-Version hat Markus Lüpertz 2002 mit dem kleineren Fenster darunter geschaffen. Auf der astronomischen Uhr von Paul Behrens, die eine Vorgängerin von 1565 ersetzte, ziehen Punkt zwölf Uhr mittags schwarze, weiße und gelbe Menschen an Jesus

Totentanz-Orgel

vorüber. Die Marientidenkapelle enthält den berühmten Antwerpener Marienaltar von 1518 mit vergoldeten Holzschnitzereien aus

Markus Lüpertz´ Totentanzfenster

dem Leben Mariä. Rund um den Chor der Kirche sind angeschlagene Marmorfiguren des ehemaligen Fredenhagen-Hochaltars erhalten. Auf den Sandsteinreliefs darunter mit der Leidensgeschichte Jesu findet sich auch die berühmte Maus. Sie nagt die Wurzeln einer Rose ab, von deren Blühen das Wohl der Stadt abhing. Und doch bringt es Glück, sie anzufassen. Vom vielen Berühren - aber mit links, bitteschön - ist sie mittlerweile ganz speckig geworden. (Den Türmen besonders nah kommen Sie übrigens im 4. Stock von Karstadt. Am Fenster der Multimedia-Abteilung sind Sie auf Augenhöhe mit den Streben und grünspanigen Dächern.)

Der Antwerpener Marienaltar wurde vom Kaufmann Johann Bone gestiftet

Auf den Türmen von St. Marien

„1,2 Millionen Backsteine", sagt der Führer, „stecken in jedem der beiden Türme". Die Teilnehmer der Turm- und Gewölbeführung, die die Kirchengemeinde St. Marien seit 1999 veranstaltet, sind beeindruckt. „Fünf Meter dick sind die Mauern hier, auf 40 Meter Höhe. Auf 60 Meter sind es immerhin noch drei Meter."

Über eine enge Wendeltreppe war die Gruppe nach oben gelangt, auf den Dachboden der Kirche gewissermaßen, einen langen hölzernen Gang über dem südlichen Seitenschiff. Eisenanker und -spanner halten seit 1946 die Wände zusammen. Eine Tür führt ins Kircheninnere zur Orgel. Ganz nah ist das Gewölbe gerückt, samt den Abschlusssteinen mit den Wappen von Danzig oder Königsberg, an deren Stelle auch schon einmal das Hakenkreuz prangte. Weit vorne, in den Pfeilerfeldern über dem Altar, war die Wirkungsstätte des Kunstmalers Lothar Malskat. Als in den 50er Jahren die mittelalterlichen Malereien restauriert wurden, malte er kurzerhand und klammheimlich seine eigene Gotik ein – so täuschend echt, dass ganz Deutschland über diesen Kunstfund staunte. Und die Bundespost die „Heiligen Pilger" 1951 sogar mit einer Sondermarke würdigte. Als aber Malskats Chef die Lorbeeren einheimsen wollte, erwachte im Künstler der Ehrgeiz. Er pochte auf seine Urheberschaft, aber man glaubte ihm erst, als er auf einen Truthahn verwies, den er ins Rankenwerk gepinselt hatte. Das frevlerische Werk wurde abgewaschen.

Die Orgel geizt auch nicht mit Superlativen: Mit 8512 Pfeifen von 6 cm bis 11 m Länge ist sie die größte mechanische Kirchenorgel der Welt. 1968 wurde sie eingebaut. Dietrich Buxtehude war einst Organist in St. Marien, gerühmt in ganz Europa. Der junge Bach, großer Bewunderer seiner Kunst, besuchte ihn 1705. Und wäre wohl auch sein Nachfolger geworden – hätte er dazu nicht die älteste Tochter des Meisters ehelichen müssen.

Das Glockenspiel kennt 20 Choräle

Im Norderturm klaffen in regelmäßigen Abständen viereckige Löcher in der Wand. Hier steckten die Maurer Balken ein und legten Bretter darauf, „fliegende Gerüste", die mit dem fortschreitenden Bau nach oben wanderten. Durch eine Luke geht der Blick 60 Meter in die Tiefe. Schwindelerregend - es war eine phantastische Leistung, Steine und Balken nur mit Menschenkraft, mit Flaschenzügen und Windenrädern nach oben zu schaffen. Ihr Wissen, wie das zu bewerkstelligen war, gaben die Werkmeister nur mündlich an ihre Söhne weiter. Drei bis vier Generationen waren am Bau der Marienkirche beteiligt - die Lebenserwartung betrug ja gerade mal 30, 35 Jahre. Wieviele Männer dabei den Tod fanden, ist nicht überliefert. Lübeck verzeichnete nur Geburt und Tod Lübecker Bürger. Handwerker waren fahrendes Volk, das der Arbeit hinterherzog.
Staubig ist es im Halbdunkel, aber sehr aufgeräumt. Die sieben Glocken im Norderturm sind wieder komplett. Drei stammen aus Danzig. Man holte sie nach dem Krieg vom Glockenfriedhof in Hamburg, wo die Nazis sie zum Einschmelzen gesammelt hatten. Der Führer schlägt den Klöppel der Pulsglocke an. 5,8 Tonnen wiegt sie, der Ton schwingt lange im Raum. Sie wurde aus Resten der zerborstenen Marienglocke gefertigt. Die drei Friedensglocken kamen 1986 dazu. Alle zusammen läuten sie nur an Weihnachten, Ostern, Pfingsten und Neujahr.
Pünktliche Ankunft im Süderturm – zur vollen Stunde. Ein Choral setzt ein, „Wo Gott der Herr sich bei uns hält". 36 Hämmer, die durch Schnüre bewegt und durch ein altes Relais gesteuert werden, schlagen auf 36 Glocken. 20 verschiedene Choräle sind möglich. Uhrmacher Behrens hat das Werk 1954 geschaffen, mittlerweile wird es schwierig, Ersatzteile dafür zu finden. Der Blick nach oben in den achteckigen Turmhelm zeigt mehrere sich verjüngende Betondecken in sieben, acht Meter Abstand, jeweils ein wenig gedreht, der notwendigen Elastizität wegen. Gemauerte Giebeldreiecke umschließen den Raum. Auf dem Beton wurden Holzlatten angebracht, darauf das Kupferdach genagelt. 65 m ragt allein der Turmhelm hoch, die Wetterhähne auf der Spitze samt Stangen und Kugeln verlängern ihn nochmal um 7 m 20. Von 1957 bis 1959 dauerte der Wiederaufbau.
Weiter, nochmal, durch die Halle über dem Mittelschiff. Ein langer Holzgang über vielen mörtelverschmierten Kuppen - die Oberseite der Gewölbe. Nur die Rippen mauerte man auf einem Holzgerüst, die runden Decken dazwischen wurden „freihändig zugelegt"", Stein für Stein beschwert mit einem hängenden Gewicht, bis sie fest waren. Blocksteine aus Schlacke ersetzten anfang der 50er Jahre die alten Seitenwände. Noch heute riechen sie nach Koks und Hochöfen.
Und dann geht es hinaus auf den Dachreiter, der 1980 wieder aufgerichtet wurde. Eine enge Galerie führt in 50 Meter Höhe rund um den kleinen Turm. Ein ungewohnter Blick auf das Rathaus, in die Breite Straße, nach St. Petri nebenan. Ganz am Horizont ist gar der helle Klotz des Maritim in Travemünde zu erkennen.

Rund um das Buddenbrookhaus

Zurück in die Breite Straße. Nach links erstreckt sich das **Kanzleigebäude** – Bürokratie beanspruchte schon im 15. Jh. ihren Platz. Gegenüber seiner Fassade von 1791 mit den Löwen und den bloßbrüstigen Damen steht seit 1991 der schwarze **Goldene Sod**, Lieblingsplanschplatz aller Kinder. Die Gebäude der unteren Breiten Straße stammen zum großen Teil aus den fünfziger Jahren, den Abschluss bildet ein **Pavillon** von 1989 aus Glas und Metall. Daneben erinnert eine Stele aus grauem Marmor mit Zitaten Thomas Manns an dessen 100. Geburtstag und sein Elternhaus, das hier stand.

Wieder in die Mengstraße: Nach Osten, Ecke Königstraße, erhebt die **Löwenapotheke**, in der Kaiserin Elisabeth 1375 nächtigte, ihre gotischen Giebel. Der Dichter Erich Mühsam, der seine Jugend in Lübeck verbrachte und 1935 im KZ Oranienburg ermordet wurde, verhinderte 1899 ihren Abbruch.

Folgen sie der Mengstraße in die andere Richtung, stoßen sie auf das **Buddenbrookhaus** – in dem die Brüder Mann freilich nie gewohnt haben. Es ist ein Nachbau des Anwesens, in dem die Großeltern Mann von 1842 bis 1890 lebten. Erhalten blieb die spätbarocke Fassade, die für sich stand und nur mit Ankern am eigentlichen Haus befestigt war. Das Original, in dem der größte Teil der „Buddenbrooks" spielt, wurde 1942 zerstört. 1993 eröffnete die Stadt hier das „Heinrich-und-Thomas-Mann-Zenrum". Eine Dauerausstellung würdigt „Die Manns - eine Schriftstellerfamilie", die andere widmet sich den „Buddenbrooks". Immerhin wurde Lübecks Buch der Bücher in über 40 Sprachen übersetzt und hat eine deutsche Gesamtauflage von zweieinhalb Millionen. Schon 1929 erhielt Thomas Mann dafür den Literaturnobelpreis. Erstausgaben und Übersetzungen sind zu sehen, Szenen verschiedener Verfilmungen zu vergleichen, Lesungen Thomas Manns können abgehört werden. Mit antiquarischen Möbeln, neu bemalten Stoffen und Originalgeräuschen aus dem Deutschen Rundfunkarchiv wurden das Landschafts- und das Götterzimmer nachgestellt - eine „literarische Inszenierung". Es würde zu weit führen, noch auf alle anderen berühmten Werke Thomas Manns einzugehen – nur der „Zauberberg" und „Bekenntnis des Hochstaplers Felix Krull" seien stellvertretend genannt. Auch sein Aufenthalt in den USA während des 2. Weltkrieges kann nur kurz erwähnt werden. Von seinem älteren Bruder Heinrich Mann, der eben-

Im Buddenbrookhaus spielt Lübecks Buch der Bücher

Das Götterzimmer als „literarische Inszenierung“

Das Landschaftszimmer nach „Buddenbrooks“

falls literarisch außerordentlich bedeutend war, kennt alle Welt hauptsächlich „Professor Unrat“ – und wenn nicht das Buch, so doch den berühmten Film „Der blaue Engel“ mit Marlene Dietrich. Der Museumsshop schließlich verkauft u. a. alle verfügbaren Bücher aller schreibenden Mitglieder der berühmten Familie.

Thomas Mann, 1926

Heinrich Mann, 1900

Ein Festmahl bei Familie Mann

Ein feines Süppchen hat der Koch des „Historischen Weinkeller" seinen Gästen da eingebrockt: Dunkelgrüne Blattstreifen marmorieren die lindgrüne Kräutercreme, sähmig-sahnig schwappt es in der Tasse, krosch gebratene, von Butter braun glänzende Weißbrotstückchen schwimmen darin.
Ein hübsches Süppchen, dies' lübsche Süppchen! Und ein Gericht von höchstem literarischem Adel. „Heiße Kräutersuppe nebst geröstetem Brot", verkündet der Moderator dieses Abends. „Wir schreiben das Jahr 1835. Seien Sie willkommen als Gäste bei Konsul Buddenbrook, anlässlich der Einweihung seines neuen Hauses in der Mengstraße."
Musik setzt ein, zwei junge Männer mit Flöte und Gitarre, Gefälliges zur Tafel von Schubert, Küffner und Fürstenau.
Die Damen und Herrn der Reisegruppe tauchen die Löffel ein.
Schön ist der Ort, an dem das historische Mahl stattfindet. Eine Reihe gotischer, spitz zulaufender Kellergewölbe unter dem Heiligen-Geist-Hospital. An den geweißten Wänden hängen in mächtigen Goldrahmen die Bilder Lübecker Honoratioren, zur Decke hin liegt der rote Backstein bloß.
Zur Suppe schildert der Führer, wie der kaum verschlüsselte „Buddenbrooks"-Roman bei seinem Erscheinen im Jahr 1900 das Lübecker Bürgertum zutiefst erzürnte und seinen Autor auf Jahrzehnte hinaus zur Unperson degradierte. Obwohl er 1929 den Nobelpreis dafür erhielt, konnte die Ehrenbürgerschaft für ihn 1955 nur beschlossen werden, indem ein großer Teil der Bürgerschafts-Abgeordneten sich verabredungsgemäß der Stimme enthielt.

Heinrich (lks.) und Thomas Mann

Doch jetzt kommt der Fisch: „Kleine Röllchen von Seezungenfilets mit Hummer- und Champignonsauce". Reis gibt es dazu, und als „Rhinschen Win" einen „Kiedricher Sandgrub". Stets geht das großbürgerliche Gelage seinen vorgeschriebenen Gang: „Ein kolossaler, ziegelroter, panierter Schinken, geräuchert, gekocht erschien" – erscheint, hereingewuchtet von zwei Kellnern auf einem Holzbrett. Ziegelrot ist er freilich nicht, das Lebensmittelrecht lässt so intensive Nitratpökelung nicht mehr zu. Die vorgeschriebene „säuerliche Schalottensauce" kommt im Restaurantsilber, dazu gebratene Kartoffeln und „solche Mengen von Gemüsen, daß alle aus einer einzigen Schüssel sich hätten sättigen können": Möhren, Champignons, Brokkoli.

Die Damen und Herrn greifen zum Besteck und ungeniert zu. Den notwendigen Appetit haben sie sich bei einem dreistündigen Rundgang auf den Spuren der Manns angelaufen.
Begonnen hatte er in der Breiten Straße. Anstelle des Hauses Nr. 54, in dem Heinrich 1871 geboren wurde, prunkt heute freilich die Commerzbank. In Nummer 38, wo die Manns ab 1872 gewohnt hatten und Thomas drei Jahre später wohl zur Welt kam (oder aber im Sommerhaus auf dem Burgfeld), residiert jetzt die Landesbank. Und auch an anderer Stelle, auf dem Klingenberg, wo ehedem das durch „Tonio Kröger" weltberühmt gewordene Hotel „Stadt Hamburg" gestanden hatte, ist nun, ein Zufall, das Geld zu Hause: die Volksbank.
In der Königstraße liegt das Katharineum, immer noch Gymnasium für höhere Söhne und Töchter Lübecks und solche die es werden sollen oder wollen. „Die Schule war aus", heißt es in „Tonio Kröger". „Über den gepflasterten Hof und heraus aus der Gatterpforte strömten die Scharen der Befreiten." Über den rötlich gepflasterten Hof und heraus aus der schmiedeeisernen Pforte strömen auch heute noch jeden Mittag die Scharen der Befreiten. Das Gebäude steht fast genauso da wie zu Zeiten der Mann-Brüder. Ein langgestrecker Backsteinbau mit grünen und dunkelbraunen Zierklinkern, über dessen efeuberankten Portalen die Jahreszahlen 1880 und 1891 prangen, Erinnerung an damalige Umbaumaßnahmen. Lediglich die neugotischen Ziergiebel hat man inzwischen durch moderne Gauben ersetzt.
Das Abitur schafften beide Manns nicht. Thomas aber probte schon einmal die Provokation: Als Mitherausgeber der ersten deutschen Schülerzeitung kündigte er im Editorial an, dass der „Frühlingssturm" wie ein solcher „in die Fülle von Gehirnverstaubtheit und Ignoranz" der ehrwürdigen Anstalt hineinfahren werde. Die Nullnummer war denn auch gleich eine doppelte: die erste und die letzte. 1894, mit Erreichen der Realschulreife, folgte er seiner Familie nach München.
Heinrich war schon fünf Jahre zuvor nach Dresden gegangen. Er, der Ältere, der Sozialist, verblasst ein wenig neben dem Großschriftsteller Thomas. Immerhin erinnert ein Abstecher in die Mühlenstraße an ihn. Dort, in Nr. 44, „Im blauen Engel", war einst die Sünde zu Hause – „Professor Unrat" lässt grüßen, die laszive Marlene Dietrich auch. Heute erhebt sich an der Stelle im beigen Klinkerkleid der 60er das Textilkaufhaus von „C&A".
An den Tischen im „Historischen Weinkeller" sind die Gesichter inzwischen milde geworden, der Lübecker Rotspon hat Lichter in den Augen angeknipst. Zuguterletzt wird in hohen Gläsern der „Plettenpudding" aufgetragen, ein „schichtweises Gemisch aus Makronen, Himbeeren, Bisquits und Eiercreme". Und als die Damen und Herrn am Ende in die nebelfeuchte Nacht über der Trave hinaustreten, da klingen sie in ihnen noch eine ganze Weile nach, die weltberühmten Worte der Herrn Kröger und Köppen: „Merci, es war allerliebst. Ich habe gegessen wie lange nicht. Gut' Nacht nochmal...."

Auf dem Koberg

Platz war Mangelware im alten Lübeck. Umso erfreulicher, dass auf dem **Koberg** ein recht großes Areal unbebaut blieb. Früher hielten die Landfrauen aus Mecklenburg hier Kohl und Eier feil. Heute ist nicht so ganz klar, was aus ihm werden soll: Festmeile, Erholungspark oder städtebaulicher Blickfang. Zu zwei Seiten begrenzen überwiegend klassizistische Fassaden das weite Rund, im Osten steht das Heiligengeist-Hospital, über Eck die Pastorenhäuser von St. Jakobi. Und im Westen die **Schiffergesellschaft**. Geld hatten sie, die Kaptäne. Schließlich gehörte ihnen meist auch ein Anteil an den Schiffen. Und also legten sie zusammen, kauften am Koberg ein schönes Grundstück und ließen ein Versammlungshaus darauf bauen. 1535 war es fertig. Während der Rokokozeit erhielt die Fassade mit dem Inschriftenband ein neues Portal und 1880 wurde sie mit neuen Steinen verblendet - maschinell produzierten. „Beischläge“ nannte man die Bänke links und rechts des Eingangs, weil man sie nachts hochschlagen konnte. Die hohen Kalksteinplatten davor, die „Wangen“, tragen zwei runde Malereien: Ein Schiff im Wind, ein zweites gegen ihn – „Allen zu gefallen, ist unmöglich“, steht passend dabei. Der

Schon im 13. Jh. fanden Alte und Kranke im Heiligen-Geist-Hospital ein Zuhause

Gotteskeller zur Engelsgrube hin ist ein Vorbau über der Treppe zu den Gewölben. In Ehren ergraute Bedienstete durften hier nächtigen – „um Gotteslohn". Heute fließt unten das Bier.
Gleich hinter dem Eingang bittet ein hölzerner Schiffsjunge von 1848 um eine Spende. Das Innere des Hauses erinnert ein wenig an die geräumige Höhle von Seebären, sehr gediegenen Seebären allerdings. Alte Schiffsmodelle und ein 431 Pfund schwerer Leuchter hängen im Halbdunkel von der Holzdecke, auf leinenbespannten Holzlaternen drehen sich die Schatten von Segelschiffen, maritimes Gerät und alte Silberpokale schimmern in Vitrinen. Die Bilder mit biblischen Szenen über der Täfelung der Wände haben Rauch und Zeit schon fast geschwärzt. Auf dem schwarzen Brett wurden die Namen von Störenfrieden vermerkt. Kellner eilen zwischen den drei Tischreihen hin und her und stellen schwungvoll Bier und Matjes auf die blankgescheuerten Eichenplatten. Auf den Bänken sitzt man dicht an dicht, die Wangen sind mit den Wappen der verschiedenen Seefahrer-„Kompanien" geschmückt. An dem leicht erhöhten Tisch gleich links neben dem Eingang pflegte der Lübecker **Dichter Emanuel Geibel** Hof zu halten. Der Bestseller-Lyriker des 19. Jahrhunderts hat Harmlosigkeiten wie „Der Mai ist gekommen" verfasst, aber auch das Unglückswort vom „Deutschen Wesen" geprägt, an dem die Welt eben nicht genesen, sondern durch das sie erst richtig auf den Hund gekommen ist. Für die Manns war er ein Vorbild, für den bayerischen König Maximilian II., in dessen Diensten er jahrelang stand, das erste „Nordlicht", und für die Lübecker eine feste Lokalgröße. Kein Wunder, dass nach seinem Ableben 1884 eine alte Frau sich sorgte, wer denn „nu de Stell" bekäme: „Wer ward nu Dichter?" Sein **Denkmal** steht schräg über dem Koberg neben dem Heiligengeist-Hospital.
Die „klassischste Kneipe der Welt" sei die Schiffergesellschaft, befand Seeteufel Felix Graf Luckner, der in Lübeck die Seefahrtsschule besucht hatte. Das stimmt nicht ganz. Sie versteht sich eher als gediegenes Traditionslokal, dessen Speisekarte sich sehen lassen kann.
Nebenbei: Als Vereinigung gibt es die Schiffergesellschaft auch immer noch. Sie können sogar Mitglied werden. Alles, was Sie brauchen, ist das Kapitänspatent für große Fahrt. Und einen Wohnsitz in oder bei Lübeck.
Seefahrt spielt auch in **St. Jakobi** eine große Rolle. Ein Boot, aufgerissen, leckgeschlagen, mit zersplitterten Planken liegt in der Turmkapelle. Am 21. September 1957 ging das Lübecker Segelschulschiff „Pamir" in einem Orkan auf dem Atlantik unter. 74 Mann starben, nur sechs blieben am Leben. Eines der Rettungsboote fand seinen Weg zurück nach Lübeck.
St. Jakobi ist die Kirche der Seefahrer. Daran erinnern auch die Gemälde aus dem 16. Jh., die den Schiffsprediger Hoyer und den Bergenfahrer Köster zeigen. Die Tafel mit den gesunkenen Lübecker Schiffen. Und der Menschenarm aus Metall, der sich aus einem Pfeiler streckt und den Leuchter der Gothmunder Fischer trägt.
Aber St. Jakobi, das im Krieg nicht zerstört wurde, ist auch reich mit anderen Schätzen bestückt. Überlebensgroße Apostel und Heilige aus dem 14. Jh. schmücken als hochgotische Freskomalerei die Pfeiler. Der Brömbse-Altar, eine Sandsteinarbeit aus der Zeit um 1500, wahrscheinlich von Heinrich Brabender aus

Die Schiffergesellschaft: Sicherer Hafen für hungrige See- und Sehleute

Barocker Hochaltar von Hyronimus Hassenberg

Musikalisches Kleinod Stellwagen-Orgel

Nur sechs kamen zurück – das Rettungsboot der „Pamir"

Münster, zeigt, in die Tiefe gestaffelt, verschiedene Szenen der Kreuzigung. Auf den hölzernen Flügeln beten die Brömbses, die Familie des Stifters und Bürgermeisters. Klare Schwarz-Weiß-Kontraste weist der barocke Hochaltar von Hieronymus Jakob Hassenberg auf. Die barocken Leuchter im Mittelgang sind Stiftungen aus dem 17. Jh. Das bronzene Taufbecken hat der Erzgießer Claus Grude 1566 geschaffen. Der Kirchenschnitzer Heinrich Sexta, den St. Jakobi sich leistete, verfertigte den Deckel dazu. Ihm verdankt die Kirche auch die figuren- und detailreiche Wendeltreppe samt Türe von 1619 vor dem Pamir-Boot. Nicht nur die Seefahrer, auch die Handwerker betrachteten St. Jakobi als ihre Kirche. Daran erinnern die geschnitzten Vortrage-Leuchter der Maurer und Dachdecker aus dem 15. Jh.

Freunde der Kirchenmusik aber pilgern regelmäßig hierher, um die beiden Orgeln spielen zu hören. Ende des 15. Jh. begann man mit ihrem Bau, fertiggestellt wurden sie nach vielen Veränderungen im 17. Jh.

Errichtet wurde St. Jakobi nach dem Brand von 1276, anstelle eines romanischen Vorgängerbaus, gleichzeitig mit St. Marien und St. Petri. 1334 war Einweihung. Im 17. Jh. wurde der Turm erhöht und erhielt

seine jetzige Form mit den barocken Zierkugeln. Das Türmchen auf dem Dach, ein sogenannter Dachreiter, stammt von 1623.
Zum Koberg hin stehen die **Pastorenhäuser**, 1602 bis 1604 erbaut. Renaissancefassaden, gotische Giebel und eine schöne Holzdecke im Inneren schmücken das heutige Gemeindezentrum.
Über Eck liegt das **Heiligengeist-Hospital**. Sie gönnten sich gern etwas, die Lübecker Kaufleute. Aber sie ließen sich auch bei den Alten und Kranken nicht lumpen. Schon um 1300 hatten sie das neue Hospital in seinen Grundzügen fertiggestellt, das erste

St. Jakobi am Koberg, historische Kirche der Seeleute

Leben und Legenden ...

nichtkirchliche in Europa: Drei gotische Giebel, gegliedert von vier Sechsecktürmchen, die an Minarette erinnern. Dahinter Kirche und Langhaus, wie ein großes T. Der Dachreiter, die beiden Häuser links der Fassade und die Wirtschaftsgebäude der insgesamt 10 000 m² umfassenden Anlage kamen später hinzu. Durch das Mittelportal gelangen Sie direkt in die **Vorhalle**, eine „kurze" **Kirche mit drei Schiffen**. Zwei kräftige Pfeiler tragen ein Sternengewölbe, das erst 1495 eingebaut wurde und unbekümmert ein paar Heiligenmalereien entzweischnitt. Darunter der Lettner, die Wand, die den Raum der Priester von dem der Gläubigen trennt. Auf der Brüstung erzählen 23 Bilder aus dem 15. Jh. die Geschichte der Elisabeth von Thüringen, adlige Wohltäterin der Armen. An der Wand zu Ihrer Linken prangen zwei Malereien vom Beginn des 14. Jh. Rechts Christus der Weltenretter, umgeben von den Porträts von Evangelisten und Stiftern des Hospitals. Links Christus und Maria. Direkt darunter befindet sich der Altar der Schutzmantelmadonna. Am Allerheiligenaltar, wieder rechts, springt besonders das „Martyrium der Zehntausend" ins Auge. Die Wappen in den Fenstern erinnern an einstige Vorsteher der Stiftung. Kronleuchter, Gestühl, Heiligenfiguren vervollständigen das Bild.
Hinter einem Durchgang öffnet sich die gewaltige **Hospitalhalle**, das sogenannte Lange Haus, 87 m lang, 14 m breit. Das Dach ähnelt mit seinen erneuerten Balken und Dielen dem Inneren eines großen Schiffsrumpfs. Bis 1820 standen in dem Raum auf ganzer Länge Betten in vier Reihen. Dann wurden sie

... der heiligen Elisabeth

Christus im Kreise der Stifter des Hospitals

Der Lettner trennt das Langhaus vom kurzen Kirchenschiff

durch 170 etwa 2 m hohe Holzverschläge ersetzt, die heute noch da sind, eine Buden-Stadt in der Halle. Auf seinen 6 m² bot so ein „Kabäuschen" Platz für Bett, Schrank, Nachttisch und Bord. Ein Fenster nach oben brachte Luft und Licht.
Kranke und Alte, die im Hospital einzogen, mussten sich per Gelübde zu Armut, Keuschheit und Gehorsam verpflichten. Die Vorsteher führten ein strenges Regiment, inklusive Fast- und Prügelstrafen. Fast klösterlich hausten die Bewohner, quasi im langgezogenen Chor einer Kirche, und widmeten ihre letzte Lebensfrist der Fürbitte

Die Heilige Maria auf dem Altar der Schutzmantelmadonna

Knapp bemessen: Die Kabäuschen

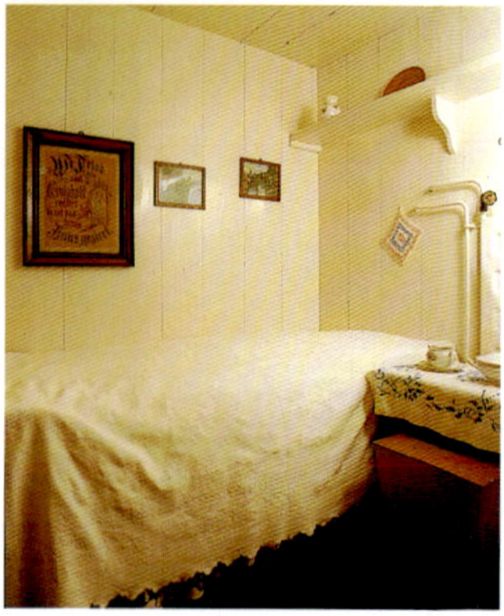

So lebten sie ihren Ruhestand

für die Förderer der Einrichtung – was auch dafür sorgte, dass die Spenden nicht abrissen. Erst während der Reformation wurden die Regeln gelockert. Aber das ist längst Vergangenheit. 1970 entstand im hinteren Teil der Anlage ein neues Altenheim. Alljährlich im Advent verwandelt sich das Heiligengeist-Hospital in einen der schönsten Weihnachtsmärkte Deutschlands. Aus Norddeutschland und Skandinavien reisen Gäste an um die Lübecker Weihnachtsmärkte zu erleben. In den Kellern, früher als Speicher vermietet, lädt heute eine Gaststätte zur deftigen Veranstaltung „mittelalterlichen Tafeley“, aber auch zu normalen norddeutschen Gerichten.

Glanz und Lichter im Advent in der Kirchenhalle Hlg. Geist

Am Burgtor und Magdalenenviertel

Der Name sagt es: Hier erhob sich im 12. Jh. die Burg Adolfs II. und sicherte den einzigen Landzugang nach Lübeck. Sie verschwand. Ab 1230 erhielt die Stadt eine Wehrmauer mit Holstentor, Mühlentor, Hüxtertor und Burgtor. Zwei davon sind noch erhalten. Aus dieser Zeit stammt der unterste Teil des Burgtors. 1444 baute Stadtbaumeister Nikolaus Peck um: Die vier reichverzierten Stockwerke darüber sind sein Werk. Die glockenförmige Barockhaube ersetzte 1685 den schlanken Vorgänger-Turm, den eine Pulverexplosion weggepustet hatte. Die verschiedenen Durchbrüche erzwang der wachsende Verkehr im 19. und 20. Jh.

Von außen erinnert das Burgtor an einen behelmten Soldaten, der seine zwei ungleich langen Arme schützend um die Stadt legt. In einer Vitrine steht ein Modell des verschwundenen „mittleren Burgtors“. Im Durchgang wird auf einer Bronzetafel General Blüchers gedacht, nach dessen Niederlage bei Jena und Auerstedt 1806 die französische Besatzung begann. Stadtauswärts gesehen zur Rechten liegt das einstige **Zöllnerhaus**. 1912 hatte der Senat Ida Boy-Ed, der bekannten Schriftstellerin, zu ihrem 60. Geburstag lebenslanges Wohnrecht verliehen. Sie nahm sich gern vielversprechender junger Künstler an - auch Thomas Manns. Er feierte am 26. Juni 1926 seinen 51. Geburtstag in dem Häuschen. Mit von der Partie war der Bildhauer Fritz Behn, der die beiden Löwen auf der Burgtorbrücke geschaffen hat.

Das Burgtor mit vorgelagerten Befestigungsanlagen schützte den einzigen Landzugang nach Lübeck

Gegenüber führt ein Durchgang zum ehemaligen **Marstall**. Ihn schmückt ein schöner Fries aus Eichenholz mit mittelalterlichen Spielleuten und Narrenmasken. Im Hof waren seit 1298 die Pferde des Rats angepflockt. Heute befindet sich dort ein Jugendzentrum.
Hausnachbar in der Burgstraße ist das ehemalige **Amtsgericht**. Neogotik aus Kaiser Wilhelms Zeiten (1893-96), ein wichtigtuerischer Bau mit rot-schwarzen Backsteinreihen, in dem heute das Versorgungsamt untergebracht ist. Bis 1819 stand an dieser Stelle die Kirche des **Burgklosters**.

Gotisches Kreuzgewölbe der Sakristei, dem sog. Herrenzimmer

Am 22. Juli 1227 siegten die norddeutschen Fürsten bei Bornhöved über die Dänen. Und die Lübecker spielten dabei eine wichtige Rolle. Zum Dank dafür stifteten sie das Geld für ein Kloster, der Hl. Maria Magdalena gewidmet – weshalb das Quartier rund ums Burgkloster auch Magdalenenviertel genannt wird. Dominikanermönche machten sich ans Werk, 1270 war es fertig. Bis 1450 wurde erneuert und dazugebaut. Nach der Reformation diente es als Armenhaus, später als Untersuchungsgefängnis.
Das Hauptgebäude mit gewölbten Sälen gruppiert sich um den Innenhof. Ein Kreuzgang läuft rundum, in der Stille der Gänge hallen die Schritte. Im Kapitelsaal wurde eine Kreuzigungsszene aus dem 14. Jh. freigelegt. Das Lange Haus mit seinen Säulen wird vorwiegend für Wechselausstellungen genutzt. Plastiken auf den Konsolen im Refektorium, dem Speisesaal der Mönche, zeigen passenderweise unterschiedliche Gastmäler. Besonders kostbar ist ein farbiger Ziegel-Mosaikboden aus dem 15. Jh. in der Sakristei.
Im ehemaligen Beichthaus ist das **Archäologische Museum** untergebracht. Vasen, Puppen, Schuhe, Besteck – schon beeindruckend, was Lübecks Ausgräber immer wieder aus der Erde holen.

Das Burgkloster zeigt heute wechselnde Ausstellungen

Im Keller ist der **Schatz des Hansekaufmanns** ausgestellt, den Baggerführer Jürgen Köpsell 1984 ausbuddelte: Eine Kiste mit 23 864 Silber- und 395 Goldmünzen aus 84 Münzstätten von Dänemark bis Sizilien – die „Portokasse" des Lübecker Kaufmanns war reichlich mit Devisen gefüllt. Eine ansehnliche Ausstellung zeigt alte Rechengeräte, die Arbeit in einer Münzwerkstätte und hanseatische Handelsware von Butter bis Zwiebelsamen.

Der Kranen-Konvent von 1283 ist vermutlich Lübecks ältestes Haus

Im oberen Stockwerk sind ein Gerichtssaal und zwei Zellen des ehemaligen Gefängnisses samt Pritschen und Eimern erhalten. Hier wurden während des Dritten Reichs Gegner der Nazis eingesperrt, u. a. der SPD-Vorsitzende Julius Leber und die vier Priester Karl-Friedrich Stellbrink, Johannes Prassek, Hermann Lange und Eduard Müller. Sie wurden am 10. November 1943 in Hamburg hingerichtet.

In der Kleinen Burgstraße Nr. 22 finden Sie den **Kranen-Konvent** mit seiner altersdunklen, von den Jahrhunderten genarbten Fassade. Das Haus von 1283 ist das wohl älteste der Stadt. Die ledigen oder verwitweten Damen, „Beginen" genannt, die hier umsonst wohnten und sich um Alte und Kranke kümmerten, lebten nach strengen, fast klösterlichen Regeln zusammen - ohne einem Orden anzugehören.

In der Königstraße

Wer auf sich hielt zu Beginn des 19. Jahrhunderts, wohnte in der Königstraße zwischen Koberg und Katharinenkirche. Auch heute noch macht die Reihe klassizistischer Fassaden mit ihrem vornehmen Gepränge eine Menge her. Das attraktivste Gebäude ist das **Behnhaus** in Nr. 11, mit den sechs Figuren aus der griechischen Mythologie auf dem Sims, von 1779 bis 1782 erbaut. Benannt wurde es nach den dritten Besitzern, Familie Behn.

Eine weite, repräsentative Diele mit blankgetretenen Steinplatten empfängt den Besucher. Hier wurden keine Waren mehr gelagert, wie in den älteren Kaufmannshäusern. Hier zeigte man, was man hatte. Die doppelläufige Treppe nach oben flankieren zwei Bronze-Mohren, im Aufgang grüßt ein Porträt Max Lindes von Max Liebermann von 1897. Eine „Stehende weibliche Figur" von Wilhelm Lehmbruck 1910 strahlt große Ruhe aus.

Bilder des 19. und 20. Jh. hängen in den oberen Räumen, darunter eine kleine Sammlung von Werken Johann Friedrich Overbecks. Er wurde 1789 in Lübeck geboren

Klassizistisches Kleinod Königstraße: Behnhaus mit Figuren auf der Balustrade

und später in Rom Mittelpunkt einer Künstlergruppe, die ihrer religiösen Motive wegen von den Kollegen als „Nazarener" verspottet wurde. Am bedeutendsten sind einige Werke von Edvard Munch, der den Kunstsammler Max Linde einige Male in Lübeck besuchte. Der 2. Stock präsentiert eine Sammlung von Jugendstilgläsern und -keramik.

Quer zum Vorderhaus ragt ein Flügelbau in den Garten. Gestaltet hat ihn Joseph Christian Lillje, dänischer Hofdekorateur, der eine Zeit in Lübeck lebte. Spiegel überall, Ranken- und Vogelmalerei, Rundbögen und Marmorierungen geben den Räumen ein verspieltes Gesicht. Möbel und Musikinstrumente lassen den heiteren Alltag der damaligen Stadtprominenz wiederaufleben.

Gläserne Flügeltüren führen in die **Bürgergärten** und zum grauen Klotz der Overbeck-Gesellschaft, einem Ort für ambitionierte Wechselausstellungen moderner Kunst.

Auch die Räume des angeschlossenen **Drägerhauses** werden für Ausstellungen auf Zeit genutzt. Hier ist eine französische Suite aus der Mitte des 18. Jh. erhalten, mit Vorzimmer, Salon und Hinterzimmer, alles in prächtigem Rokoko, mit einem Fayence-Ofen aus Dresden und reichem Stuck geschmückt.

Gegenüber, neben dem „Kunsthaus Lübeck", macht sich die klassizistische Fassade der **Reformierten Kirche** seit 1826 sehr breit. Vor dem grauen Holzportal spielt jene berühmte „Buddenbrooks"-Szene aus dem Revolutionsjahr 1848, in der Konsul Buddenbrook sich mit dem Anführer der Aufrührer, Carl Smolt, einem seiner Angestellten, in die Haare kriegt: „Smolt, wat wull Ji nu eentlich! Nu seggen Sei dat mal!" – „Je, Herr Kunsel, ick seg man bloß: wi wull nu 'ne Republike, seg ich man bloß..." – „Öwer du Döskopp... Ji heww ja schon een!" – „Je, Herr Kunsel, denn wull wi noch een!" Stattgefunden aber hat dieser Dialog wahrscheinlich in Bremen. So oder so ähnlich.

Die klassizistische Diele des Behnhauses

In dem Haus in der Königstraße Nr.21 befindet sich seit Dezember 2007 das Willy-Brandt-Haus, ein Museum und eine Gedenkstätte für den früheren SPD-Politiker, Bundeskanzler und Friedensnobelpreisträger Willy Brandt. Die Dauerausstellung „Willy Brandt- Ein politisches Leben im 20. Jahrhundert" zeigt das bewegte Leben Brandt's von 1913 bis 1992 - seine Kindheit und Jugend in Lübeck, sein Widerstandskampf und Exil bis hin zur Berliner Zeit und seine Regierungsjahre. Ziel dieser Ausstellung ist auch sein Engagement für Frieden, Demokratie und Menschenrechte zu bewahren und an kommende Generationen weiterzutragen. Den eigentlichen Anstoß für diese Erinnerungs- und Bildungsstätte gab der Künstler Günther Grass, der dem Politiker seit den 60ern politisch eng verbunden war.

Willy-Brandt-Haus

Die Glockengießerstraße führt zur Katharinenkirche hoch

Nur drei Figuren durfte Ernst Barlach schaffen

Nur wenige Schritte sind es bis **St. Katharinen**. Kurz nachdem die Franziskaner sich 1225 in der Stadt niedergelassen hatten, brach die Pest aus. Da der Bettelorden in Sachen Fürbitten als gute Adresse galt, flossen die Gelder bald nur so. Von 1300-1360 wurde die wunderbare Klosterkirche erbaut, der Ordensregel gemäß nur mit einem Dachreiter (kleiner Kirchturm auf dem Dach) versehen. Nach Aufhebung des Klosters in Folge der Reformation wurden eine Lateinschule, das heutige Katharineum und eine Bibliothek in den Räumen eingerichtet. Alte Gänge und Säle sind erhalten. Der schöne Scharbau-Saal der Bibliothek war das Dormitorium, der Schlafsaal der Mönche.

In den Nischen über dem linken Portal stehen drei Figuren von Ernst Barlach: Die Frau im Wind, der Bettler und der Sänger. Eine „Gemeinschaft der Heiligen“ aus 16 Skulpturen hatte man 1930 bei ihm in Auftrag gegeben. Doch dann erklärten die Nazis seine Kunst für entartet, die drei fertigen Werke wurden erst 1947 auf-

Gotische Klosterkirche St. Katharinen

gestellt. 1949 fügte sein Schüler Gerhard Marcks sechs weitere hinzu.
Im Inneren fällt neben den hohen, mit einem Fugennetz bemalten Pfeiler vor allem der Chor ins Auge. Er ruht auf einem Gewölbe aus drei Schiffen, einem eigenen kleinen Säulenwald. Das Triumphkreuz stammt von 1450 und ist auf der Rückseite ebenfalls mit einer Kreuzigung bemalt. Darunter hängt eine Uhr von 1597. Rechterhand ein Fresko des Hl. Franziskus von 1515, mit Hirsch und Hase, Löwe, Hund. Eine Treppe führt hoch zum Chor. Viel Licht fällt durch die hohen Fenster und spielt auf dem farbigen Ziegelfußboden und auf dem Chorgestühl aus dem 15. Jh., verziert mit Bildern bedeutender Ordensbrüder. In den Seitenschiffen Sarkophage und Kapellen hinter schmiedeeisernen Gittern. Grabplatten bilden den Boden, darunter die sehenswerte Messingplatte des Bürgermeisters Lüneburg. Gipsabgüsse stehen auf Sockeln, u. a. Kopien der Stockholmer St.-Jürgen-Gruppe von Bernt Notke (1489) und des Käthe-Kollwitz-Denkmals von Gustav Seitz (1958), beide einst Teile einer größeren Sammlung.

St. Katharinen, Mittelschiff nach Osten

Nicht zu übersehen ist schließlich Jacopo Tintorettos Riesengemälde „Auferweckung des Lazarus“ (1576), dessen Rahmen mit den Wappen der Stifter geschmückt ist.
Gleich neben St. Katharinen ist Buthmanns Gaststätte, von Generationen freqentiert, zuerst heimlich als Pennäler vom Katharineum und dann ein Leben lang – Salvator vom Fass und Soleier – ein Genuss.

St. Jürgen u. Jungfrau mit Lamm v. Bernt Notke 1489

Von Rotspon und Bier

Ein gediegenes Tröpfchen wusste man in Lübeck schon immer zu schätzen. Seit dem 12. Jh. führte man Rheinwein ein und lagerte ihn in den Kellern unter dem Rathaus. Damit nicht allzuviel gepanscht wurde und die Abgaben ordnungsgemäß flossen, nahm der Rat die Sache selbst in die Hand: Die Stadt kontrollierte den Handel streng. Erst ab dem 17. Jh. kam junger Rotwein aus Bordeaux und dem Burgund dazu, später auch aus Spanien und Portugal. Ganze Schiffsladungen wurden angelandet. Die frische Seeluft und die zwischen Sommer und Winter nicht allzu heftig schwankenden Temperaturen bekamen dem Stoff offensichtlich. In Fässern reifte er in den Gewölbekellern heran, und nach dem „Spon", dem Holzspan der Fässer, wurde er auch benannt: „Lübecker Rotspon". War er trinkfertig, wurde er auf Flaschen gezogen. 1720 waren 35 von 180 Lübecker Firmen im Weinhandel tätig. Manchmal zogen Familienangehörige sogar nach Bordeaux und belieferten die Heimatstadt mit Rotem. Noch Ende des 19. Jh. gehörten die Lübecker Weinlager zu den größten Norddeutschlands. Kein Wunder, dass der russische Zar und die baltischen Grafen bevorzugt mit „Bouteillen" aus Lübeck tafelten. Und Fritz Reuter 1853 einer besonders erfolgreichen Firma sogar lyrisch huldigte: „Ni drünk ick betern Win, as dissen - Hei is von Maßmann un von Nissen."

Noch heute wird die Tradition gepflegt, hochwertigen Lübecker Rotspon zu präsentieren

Natürlich wurde auch Bier gebraut in Lübeck - in rund 180 Betrieben im Mittelalter. Der Gerstensaft, mit Wakenitzwasser angesetzt, war damals reiner als das schlechte Wasser der Brunnen und deshalb allgemeines Haus- und Hofgetränk. In der Engelsgrube waren die Rotbrauer am Werk. In St. Aegidien erinnert ein Chorstuhl mit Schöpfkelle und Rührlöffel an die Gilde der Weißbrauer. In der Wahmstraße sind die großen Brauhäuser bis heute erhalten. Ob das Produkt der edlen Braukunst trinkbar war, befand eine eigene Kommission im Kanzleigebäude. Ein Ratsherr und zwölf erfahrene Mitbürger widmeten sich voller Hingabe der Prüfung des neuen Bieres. Ganz zufrieden war Lübecks trinkende Kundschaft freilich nicht immer. Viele zogen es vor, in den Ratskeller zu gehen. Dort gab es was ganz besonders Feines: Hamburger Bier.

Zwischen Königstraße und Kanal

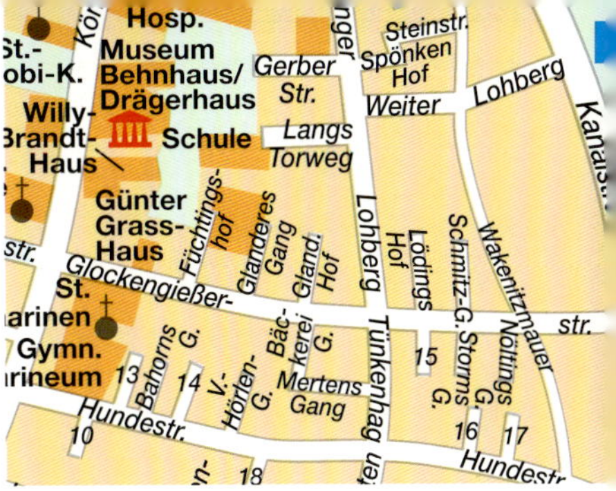

Ihr Seelenheil ließen sich die Kaufleute gern etwas kosten. Viele bauten auf ihre alten Tage eine Wohnanlage, stifteten sie mit Kapital aus und verfügten, dass dort Witwen aus besseren Kreisen umsonst wohnen durften. Damit fiel nicht nur die Bilanz im Jenseits besser aus. Man sorgte gleichzeitig dafür, dass der eigene Name in Erinnerung blieb und verarmte Angehörige der gleichen Schicht nicht unter Stand ihr Dasein fristen mussten.

So entstanden die Höfe, im Grunde nichts anderes als schönere, luftigere, besser ausgestattete Gänge (vgl. S. 76) mit breitem Eingang, deren Bewohnerinnen keine Miete zahlen mussten.

Die sehenswertesten Stiftungsanlagen finden Sie im Osten der Stadt. Da sie alle in den siebziger Jahren des letzten Jahrhunderts saniert wurden, stammen meist nur noch die Fassaden aus der Zeit der Gründung. Im Inneren legte man die winzigen Wohnungen zu größeren zusammen.

Den **Füchtingshof** in der Glockengießerstr. 23–27 ließ Johann Füchting 1624 bauen: Das Portal, eine Kopie von 1988, erinnert an den einstigen Ratsherrn. Zweigeschossige gleichförmige Häuser, Bäume, Blumen - und ganz hinten behielt der Vorsteher von seinem erhöhten Zimmer aus das Geschehen im Blick. Nur ein paar Schritte weiter stoßen Sie auf **Glandorps Hof**, schon 1609 vom Rats-Kollegen

Im Füchtingshof kamen Witwen standesgemäß unter

Der Höveln-Gang liegt in der Wahmstraße

Johann Glandorp gestiftet. Fachwerkhäuschen, grüne Fensterläden, das Wappen des Stifters überm Portal – ein hübsches Denkmal ist es geworden. Schon wenige Jahre nach dem Bau wurde der Hof mit Glandorps Gang verbunden. Nach der Sanierung entstanden hier Sozialwohnungen.

Frau Haase, eine Weinhändlerswitwe, gründete den **Haasenhof** in der Dr.-Julius-Leber-Str. 37-39. 1729 wurde er fertig. Und behielt nach der Sanierung die alte Fassade samt Fenstern und Original-Glas. Auch **Dornes Hof** in der Schlumacherstr. 15-23, 1458 für Arme gestiftet, und der **von-Höveln-Gang** in der

Der Haasen-Hof hat seine alten Fenster behalten

Wahmstr. 75 mit Stiftshof von 1481 sind einen Abstecher wert.

Erst einmal ausgelassen und jetzt nachzuholen haben wir in der Glockengießerstr. 21 das **Günter Grass-Haus**, 2002 eröffnet. Hier hat der in Danzig gebürtige Nobelpreisträger von 1999 Büro und Museum, er selbst wohnt in Behlendorf. An den grauen Wänden hängen Grafikzyklen, Lithografien und Aquarelle. Radierungen und Auszüge aus Romanen belegen, wie sehr sich bei Grass bildnerisches Schaffen und literarische Produktion durchdringen. Bronze-Skulpturen und Gedichte zeigen seine ungewöhnliche Doppelbegabung. Hörproben aus Lesungen sind abzurufen, unterschiedliche Manuskriptfassungen von Büchern lassen nachvollziehen, wie sorgfältig der Autor der „Blechtrommel“ an jedem seiner Werke feilt.

Ansonsten gilt in diesem Viertel: Augen auf und einfach bummeln! In dem Gewirr der ehemaligen Handwerkerstraßen und Gässchen sind hinter vielen Fassaden Gänge versteckt. Zahlreiche Häuser wurden restauriert, höchst Unterschiedliches ist da entstanden, Stahl verträgt sich mit Backstein – oder auch nicht. Sollten Sie sich genauer für die Baugeschichte und Sanierung interessieren, empfehlen wir Ihnen ein Buch der BIRL (Bürgerinitiative Rettet Lübeck): Manfred Finke „116mal Lübeck – 25 Jahre Umgang mit einem Stadtdenkmal“.

Günter Grass erhielt 1999 den Nobelpreis für Literatur

Ein „Butt in der Hand“ im Innenhof des Günther Grass-Hauses

In der Wahmstraße wurde Bier gebraut, hier 2 der alten Brauhäuser

Im Osten finden sich auch die beiden schönsten Einkaufsstraßen der Stadt. Eine Mischung aus Büchern, Mode, Antiquitäten, Lampen und Delikatessen verleiht der **Hüxstraße** ihr ganz eigenes, quirliges Gepräge, Cafés und kleine Restaurants sorgen für zusätzliches Flair. Enorm gewonnen hat nach ihrer Umgestaltung die **Fleischhauerstraße** mit ihrem schön anzusehenden, bequem zu begehenden neuen Pflaster. Antiquitäten, Blumen, Wein, Weberei und Spielzeug – das Angebot ist vielfältig und hochwertig.

Ruhige Cafés in restaurierten Hinterhöfen finden Sie auch in der **Wahmstraße**. Und werfen Sie dort auf jeden Fall einen Blick auf die imponierenden Giebel der Häuser Nr. 33-37 und 54-56. Sie sind die größten in Lübeck, stammen aus dem 16. Jh. und wurden hervorragend restauriert. Brauhäuser waren diese Gebäude, Braugetreide lagerte auf ihren vielen Stockwerken.

Bei St. Aegidien

Im Turm von **St. Aegidien** nistet in manchen Jahren ein Uhu. Das passt zu diesem beschaulichen, fast ländlichen Viertel, in dem einst Handwerker und Ackerbürger wohnten. Rund um die Kirche mit dem gedrungenen Turm wachsen Linden- und Ahornbäume. Gebaut wurde sie im 14. Jh. anstelle einer romanischen Basilika. Der Chor kam 1446 dazu.

„Singechor" heißt im Sprachgebrauch von St. Aegidien der Lettner, die Wand, die Chor und Langhaus trennt. Die Brüstung hat Tönnies Evers 1586/87 geschnitzt. Rundum ziehen sich Statuen von Jesus und den Aposteln, Säulen, Stifternamen und Bilder aus der biblischen Geschichte. Eine schön geschwungene Treppe führt hinauf. Gestiftet hat das Werk der Kaufmann Lorenz Russe, ein überaus freigiebiger Mäzen, wie auch sein Grabmal vermerkt: „Laureß Ruß gaft tho Gades Ehr Dit Chor, cantzel unde andre gaven mehr Tho linderung der Gottseligen Noht". Auch der Orgelprospekt kann sich sehen lassen: Ein mächtiger Vorbau ragt in den Raum, über und über verziert mit Putten,

St. Aegidien hinterm Krähenteich, idyllisch wie ein Landstädtchen

Blatt- und Rankenwerk. Entworfen hat ihn der Hamburger Orgelbauer Hans Scherer, geschnitzt der Lübecker Michael Sommer 1625/26. Die beiden Posaunenengel kamen 1715 dazu, die Orgel wurde 1982 neu eingebaut. Den Taufkessel, der auf den Schultern dreier Mönche ruht, hat Hinrich Gerwiges 1453 gegossen, der Deckel mit den weißen Putten stammt aus dem Barock. Barock ist auch der Hochaltar mit der Kreuzigungsgruppe.

Die Orgel von St. Aegidien stammt aus der Zeit des 30-jährigen Krieges

Gegenüber der Kirche in der St.-Annen-Straße 1 und 3 stehen alte **Konventshäuser** aus dem 13. bzw. 15. Jh. Beginen lebten hier, fromme Frauen, die sich der Alten und Kranken annahmen. Um die Ecke, am Anfang der Weberstraße erinnert ein kleines Terrakottarelief an das städtische Waisenhaus, das in diesem hohen schmalen Haus ab 1617 untergebracht war. (Im Behnhaus zeigt ein Gemälde von Gotthardt Kuehl „Das Lübecker Waisenhaus" 1894 als freundliche, fragliche Idylle mit Blumen und lesenden Mädchen.) Mittlerweile wurde der ganze Eckbereich mit eisernen Balkonen, modernen Fenstern und viel Blumen zu einer interessanten Wohnanlage umgestaltet. Ein paar Schritte weiter in der St.-Annen-Straße liegt hinter ein paar Birken die **Synagoge**. 1879 im maurischen Stil erbaut, von den Nazis zur Turnhalle verunstaltet und nur nicht angezündet, weil dies das benachbarte St.-Annen-Museum hätte beschädigen können, dient sie heute einer wieder wachsenden Gemeinde als Gotteshaus.

Wer verstehen will, wie reich Lübeck wirklich war, sollte viel Zeit für seinen Besuch im St.-Annen-Kloster einplanen. So kurz wie St. Annen existierte wohl selten ein Kloster. Zwischen 1502 und 1515 wurde es errichtet, und schon 1531 mussten die Augustiner-Nonnen wieder ausziehen, weil die Reformation es so wollte. Ein Armenhaus wurde eingerichtet, von den Lübeckern abfällig „dat Hus" genannt. Bis zu 500 Menschen zupften hier ab halb fünf Uhr morgens Wolle oder tischlerten Särge bei magerer Kost, bewacht von Aufsehern mit Keulen. Erst 1915 wurde das heutige Museum eingerichtet.

2003 öffnete der dreigeschossige Kubus der **Kunsthalle St. Annen**, erbaut auf den Resten der 1843 abgebrannten Kirche. Die Possehl-Stiftung, hinter der der Possehl-Konzern steht und die vieles möglich macht, was sich Lübeck sonst nicht mehr leisten könnte, hat 5,5 Millionen Euro dafür aufgebracht. Am Eingang bilden „Adam und Eva", zwei moderne Plastiken von Lothar Fischer (2003) einen aparten Kontrast zu Backstein und Spitzbögen. Hinter Glas im Innenhof ein Museumscafe. In der Halle hängt zwischen weißgetünchten Mauerbögen Kunst mit einem gewissen Bezug zu Lübeck: Andy Warhols „Holstentor" in dräuendem Rosa, Horst Jannsens Bleistiftzeichung „Holstentor-Totentanz" von 1980 oder Neoninstallationen der in der Hansestadt lebenden Hanna Jäger. Im sechseckigen Raum dahinter Arbeiten der Nachkriegszeit: Willi Baumeister, Ernst Wilhelm Nay, Karel Appel oder Fritz Winter. Ein schmales Fenster erlaubt einen Blick in den Innenhof, wo die Original-Figuren der Puppenbrücke wortlos Zwiesprache halten. Der erste Stock ist Wechselausstellungen vorbehalten. Auf der zweiten Ebene hängen und stehen Bilder und Skulpturen des ausgehenden 20. Jh.: Arnulf Rainer, Günther Uecker, Armando und Horst Antes etwa.

St. Annen beherbergt Museum und die 2003 eröffnete neue Kunsthalle

Ein Durchgang führt zu den Schätzen des **St.-Annen-Museums**. Der Kreuzgang wurde mit Madonnen, Glasfenstern und Kruzifixen ausgeschmückt. Großartig ist die Sammlung alter Schnitzaltäre, anrührend sind manche der Darstellungen darauf. Natürlich hat der Memlingaltar, von 1491 bis 1942 im Dom, einen eigenen Raum: Die Farben der Passionsszenen leuchten, als wären sie erst gestern aufgetragen worden. In den Vitrinen der Paramentenkammer schimmern kostbare Gewänder, Monstranzen

Der Memling-Altar stammt aus Brügge und stand bis 1942 im Dom

Eine Lübecker Diele war Wohn-, Arbeits- und Geschäftsraum zugleich: Die

Strucksche Diele von 1736 steht im St.-Annen-Museum

Puppenstube des Biedermeier, 1825

und Kelche, im Hof sind Terrakotten aus der Werkstatt Statius von Dürens gesammelt. Eichentruhen, Silberpokale, Elfenbeinhumpen im ersten Stock - so lebten sie, die reichen Lübecker Kaufleute, zwischen Ledertapeten und Intarsienschränken. Die „Strucksche Diele" zeigt eine typische Lübecker Diele von 1736 mit kleiner Küche hinter verglasten Sprossenfenstern, Stützsäule, umlaufender Galerie, bemalter Decke und dem riesigen Dielenschrank, dem „Schapp". Kostbares Porzellan und eine Sammlung alter Puppenstuben und -küchen schließt sich an. Unter dem historischen Spielzeug fällt ein „Baukasten

Puppenhaus aus der 2. Hälfte des 19. Jh.

Lübeck" ins Auge. Alfred Mahlau hat ihn gestaltet. Sein Entwurf der Silhouette mit den sieben Türmen ziert immer noch die Verpackungen einer nicht ganz unbekannten Marzipanfirma.

Nach soviel Vergangenheit wieder ein paar Schritte in die Gegenwart. Die **Mühlenstraße** ist eine attraktive Einkaufstraße. Etwa hundert Meter nach links liegt der „Alte Zolln", eine beliebte Kneipe in einem Zollhaus von anno dazumal. Direkt um die Ecke, An der Mauer, eine weitere gastronomische Institution: Die „Lübecker Turnerschaft von 1854". Gleich dahinter halten

Das „Schapp". Lübecker Dielenschrank von 1720

sich tapfer drei windschiefe Fachwerkhäuschen – das letzte wurde 1670 in einen Halbturm eingebaut, der Teil der alten Stadtbefestigung war. Ausgesprochen fotofreundlich ist das ganze Quartier: Viele unterschiedliche kleine Häuser, Rosensträucher, Torbögen und schöne Blicke auf St. Aegidien. An der Ecke Krähenstraße/An der Mauer stoßen Sie auf einen mächtigen Turm mit einem italienischen Restaurant. Spätes Mittelalter? Frühes 20. Jh.! Ein Weltkriegsbunker im Backsteinkleid, nichts weiter.

Das Domviertel

Immer lagen sie im Widerstreit, die Bischöfe und die Ratsherrn. Und immer konkurrierten sie auch mit ihren Vorzeigebauten, **Dom** und Marienkirche. Kein Wunder, dass am Dom viele Baumeister und Stilepochen ihre Spuren hinterlassen haben. Immer schöner sollte er werden, immer auf der Höhe der jeweiligen Zeit, und immer größer: Stolze 131 Meter Länge misst er jetzt.

Gegründet wurde er 1173 von Heinrich dem Löwen. An ihn erinnert die Kopie des Braunschweiger Löwen (1975) neben der Lutherbuche auf dem Vorplatz. Das romanische Mittelschiff und die beiden Türme stammen noch aus der Gründungszeit. Achtzig Jahre später kam das Paradies dazu. Diese offene, spätromanische Eingangshalle war 1946 von einer einstürzenden Giebelwand zerschmettert und 1982 neu errichtet worden. Ins Paradies flüchtete (oft durch die kleine Straße Fegefeuer), wer in der Stadt etwas angestellt hatte und sich von der Kirche ein mildes Urteil erhoffte. Am Domgelände, das in der Zuständigkeit des Bischofs lag, endeten die Befugnisse des Rates.

Das Dom-Innere ist ganz in Weiß gehalten. Eine Glasscheibe trennt den Ursprungsbau vom Ostchor, den die Gotik im 14. Jh. beigetragen hat. Dort ruht unter seiner Bronzeskulptur Bischof Heinrich

Der Dom ist einer der größten Backsteinbauten Nordeuropas, romanisch und gotisch zugleich

Im Paradies wurden auch Almosen verteilt

Bocholt. Er hatte den Anbau angeordnet und starb kurz vor seiner Vollendung 1341. Nachts steht er auf und wandelt.

Überwältigend, wie ein großes Portal, beherrscht das 17 m hohe Triumphkreuz auf seinem hölzernen Aufbau das Langhaus. Bis 1477 schnitzte Bernt Notke daran. Der gebürtige Pommer, der als Maler und Bildhauer in Dänemark, Schweden und Estland große Erfolge feierte, verbrachte seine letzten Lebens- und Schaffensjahre in Lübeck. Jesus hängt am Kreuz, umgeben von Heiligen, Propheten und Engeln. Zu seinen Füßen klagen Johannes, Maria und Magdalena – und dazwischen Bischof Krummedick, der das Ganze bestellt und bezahlt hatte. Auch die Schnitzereien vor dem Lettner stammen von Notke. Sie stellen die Schutzpatrone des Doms dar: Die Heiligen Maria, Nikolaus, Johannes und Blasius unter gotischen Türmchen und viel Zierrat. Die große Uhr kam 1628 dazu. Sehr schön sind die vier Flügelaltäre aus dem 15. Jh. an den Pfeilern, das Taufbecken von 1455 und der Laienaltar dahinter: Chorstühle aus dem 15. Jh. mit vier Tafelbildern.

Der Renaissance und dem Holländer Hans Fleminck verdankt die Kirche die Kanzel (1568). Das Barock stattete im 18. Jh. die Seitenschiffe mit den prachtvollen Grabkapellen und den klobigen Sarkophagen aus. Weitere Plastiken, Bilder, Grabplatten und Leuchter aus vielen Jahrhunderten schmücken die Halle – darunter die bronzene Müllerkrone aus dem 15. Jh., der älteste Hängeleuchter, einst von den Müllerknechten gestiftet.

1942 wurde der Dom zerstört. Eine Fotoausstellung dokumentiert die Mühen des Wiederaufbaus von 1960 bis 1973. Das Westfenster, ein wie mit Nadeln gespicktes Farb-

Das Triumphkreuz ist Bernt Notkes bedeutendstes Werk

Romantischer Blick auf Obertrave und Dom

mosaik, gestaltete der Karlsruher Glasmaler Lothar Quinte 1963. Die Orgel wurde sieben Jahre später eingebaut. Draußen vor der Südwand kam 1976 eine Vorhalle aus Glas und Kupfer dazu.

Von hier geht der Blick zum Mühlenteich und den alten Wallanlagen dahinter. Im Schatten des Doms wurde 1962 das **Museum für Natur und Umwelt** eingerichtet. In einem gläsernen Anbau im Domhof ist seit 2004 das 15 m lange Skelett eines Pottwals ausgestellt. Seine versteinerten Vorgänger, zehn Millionen Jahre alt, liegen im Großdiorama, neben Trilobiten, Schnecken und Korallen. Alles, was im Norden kreucht und fleucht, ist in den Sammlungen präparierter Vögel und Säugetiere vertreten. Während sich in Aquarien und Terrarien höchst lebendige Kröten, Aale und Nattern tummeln. Durch Glas lässt sich das quirlige Treiben in einem Bienenstock studieren. „Live"!

Die geschlossene, repräsentative Häuserzeile in der Straße **Musterbahn** wurde Ende des 19. Jh. errichtet. Die Terrakotten an Nr. 3 stammen von dem berühmten Horatius van Düren, der Mitte des 16. Jh. in Lübeck eine gutgehende Werkstatt für derlei Fassadenschmuck betrieb. Sie prangten zunächst an einem Haus in der Braunstraße. Bis Ferdinand von Warnstedt 1878 das Gebäude kaufte - nur um der Reliefs willen, die er sofort an seinem neuen Domizil anbringen ließ.

Nördlich der Domtürme steht das 1594 in niederländischem Renaissance-Sil errichtete, langgezogene **Zeughaus**. Waffen lagerten hier einst, und Wolle, später hatten Gestapo und Polizei in den Mauern ihren Sitz. Jetzt zeigt hier die **Völkerkundesammlung** ihre Schätze.

Rund 30 000 Masken, Trachten, Werkzeuge und Kultgegenstände, überwiegend aus Afrika, Mittelasien und der Südsee, lagern in den Magazinen und werden zu wechselnden Ausstellungen zusammenkomponiert. Dauernd zu sehen ist eine ägyptische Mumie von etwa 600 v. Chr., die schon seit 1696 in der Stadt herumgereicht wird. Am Computerterminal lässt sie sich sogar auswickeln.

In der gleichen Straße, gegenüber dem Marienkrankenhaus erhebt sich die erst 1891 geweihte **katholische Probsteikirche Herz Jesu** mit ihren runden Backsteinsäulen und den grauen Fenstern. Vor der hölzernen Pietá aus dem 15. Jh. brennen Kerzen, im Niedergang zur Krypta erinnern Fotos und eine Steinplatte an die vier von den Nazis ermordeten Geistlichen (vgl. S. 44). Das Schlösschen schräg gegenüber, dessen Stufengiebel in einem spitzen Turm enden, ist das **Palais Rantzau**. Domherren wohnten einst hier, Bürgermeister, und nach dem neogotischen Umbau 1871 diente es auch als Lazarett.

Heinrich der Löwe gründete Stadt und Dom

Der Dom bildet mit dem Naturkundemuseum (rechts) und dem Völkerkundemuseum im Alten Zeughaus (links) eine architektonische Einheit

Van Dürens Terrakotten fanden von der Braunstraße an die Musterbahn

An der Obertrave

An der **Obertrave** wohnten einst die Stecknitzfahrer, jene Schiffer, die über den Stecknitzkanal das Salz aus Lüneburg holten. Salzmarkt hieß sie deshalb im unteren Ende, während oben der Holzmarkt war. Von den Straßen, die sich vom Dom zur Obertrave hinunterziehen – Marlesgrube, Dankwartsgrube, Hartengrube – öffnen sich immer wieder Zugänge zu Gängen. An der Obertrave hat fast jedes zweite Haus seinen kleinen, teils sehr niedrigen Durchbruch nach hinten. Die Höfe waren dicht an dicht mit Buden bebaut. Salzpacker, Träger, Segelmacher lebten hier.

An der Obertrave begann in den siebziger Jahren des 20. Jh. auch die Sanierung historischer Privathäuser. Entsprechend lassen sich in diesem Viertel höchst unterschiedliche Beispiele dafür finden, wie man es macht – und wie man es besser nicht macht.

Besonders sehenswert ist das Haus Hartengrube 20. Balken und hölzerne Halbkreise auf der Fassade tragen ornamentreiche Renaissance-Schnitzereien – möglicherweise kam der Künstler aus dem Harz. Der Eingang neben dem Portal führt zu Schwans Hof, wohl

Abend am Malerwinkel – ran an die Leinwand!

Renaissance-Schnitzerei in der Hartengrube

Sommerliche Obertrave

dem ältesten Gang der Stadt, Ende des 13. Jh. von Johannes von Swane erbaut. Hübsch ist der Blick auf den Turm von St. Petri, mit der alten Gaslaterne davor.

Die **Rossmühle** An der Obertrave Nr. 43 wurde 1750 errichtet, auf Drängen der Bäcker, denen in trockenen Sommern das Wasser zum Mahlen ausging. Jetzt spannte man kurzerhand vier Pferde an, die im Kreis gingen und das Mahlwerk drehten.

Wäsche flattert im Wind, Ausflugsschiffe ziehen vorbei und die Türme von Dom und St. Petri ragen über der Dankwartsbrücke hoch: Wo Trave und Ufer einen Bogen machen, findet sich dieser besonders fotogene Blick. Am besten in den Sucher bekommt man ihn vom gegenüberliegenden Ufer aus. Und deshalb heißt er auch **Malerwinkel** – aus den Zeiten, als man noch nicht zur Digitalkamera greifen konnte.

Und dann ist da noch diese prächtige Backsteinfront an der Obertrave 19/20, mit den runden Zierfenstern und dem kriegerischen schwarzen Wehrgang, die doch mindestens 400 Jahre auf dem Buckel... – von wegen: Dahinter verbirgt sich schon nichts anderes als ein Betonbunker von 1942. Einst hatte hier freilich eine Filiale des Zisterzienserklosters aus dem 15 km entfernten Reinfeld gestanden. Daher der Name: „Im Reinfeld“.

Giebel an der Obertrave manchmal auch in tiefem Schnee – doch eher selten

Entlang der Untertrave

Der Trave verdankt Lübeck seinen Reichtum. Sie erlaubte den Schiffen den Zugang zur Ostsee. Die Untertrave war zum Seehafen ausgebaut. Ein klein wenig werden Sie von der einstigen Bedeutung und Atmosphäre dieser Anlage noch spüren, wenn Sie von der Holstenbrücke aus über den breiten Uferstreifen bummeln, an Oldtimer-Schiffen, Hafenkneipen und Schiffsausrüstern vorbei. Gleichzeitig werfen Sie einen Blick auf das andere, das moderne Gesicht der Stadt.

Überm Wasser gleich zur Linken senkt das Senator-Hotel seine Stelzen ins Wasser. An der **Untertrave** reihen sich Häuser und Fassaden vieler Stilrichtungen und Jahrhunderte aneinander, darunter zahlreiche jener Speicher, in denen Zobelfelle und Zinnbarren, Talg und Tran und Wachs und Flachs gelagert wurden. Der Speicher Nr. 34, **Die Eiche**, wurde von Johann Siegmund Mann, dem Vater von Thomas und Heinrich, 1873 erbaut. Nr. 97 war „Der Bienenkorb“ und Nr. 98 der „Linau-Speicher“. Die nach rechts leicht ansteigenden Straßen, die „Gruben“, eröffnen wechselnde Ausblicke auf die Türme von St. Marien. Kommen Sie früh, denken Sie sich die parkenden Autos weg und es wird Ihnen nicht schwerfallen, sich im diffusen Morgenlicht 100, 200 Jahre zurückzuversetzen: Wie die Dienstmädchen aus den herrschaftlichen Häusern traten und die Packer und Sackträger in ihren weiten Kniehosen zum Hafen herunterschlenderten. Die Masten der Oldtimer-Schiff im **Museumshafen** helfen Ihnen sicher dabei.

Parade alter Lastensegler im Museumshafen

Das Schabbelhaus: Außen 16. Jh. ...

An der Einmündung der Mengstraße erhebt sich das **Tesdorpf-Haus**, Sitz der ältesten Weinimport-Firma Deutschlands, seit 1678 im Geschäft. Ein paar Schritte in die Mengstraße hinein, in Nr. 48 bis 50, finden Sie das **Schabbelhaus**, das Restaurant der Kaufmannschaft. Das ursprüngliche Gebäude in der Mengstraße 36 ging 1942 im Bombenhagel unter. 1955 öffneten die heutigen Räumlichkeiten. Die 400 Jahre alten Patrizierhäuser mit den Renaissancefassaden wurden so umgebaut, dass sie bis ins Detail jenen lübschen Kaufmannshäusern aus dem 19. Jh. gleichen, in denen die Manns und ihre Standesgenossen residierten: Eine Galerie mit Treppen, die Barockdecke im Hinterzimmer, im Vorderbereich die gekachelte Küche. Und wenn die Steinfliesen im Kerzenlicht schimmern, und die Schatten über die Schränke aus poliertem Kirschholz tanzen, meint man, gleich müsse Hanno Buddenbrook im Matrosenanzug zur Tür hereinstürmen.

... innen gepflegtes Bürgerleben

Gegenüber der Beckergrube führt eine Fußgängerbrücke zur **Musik- und Kongresshalle** (MUK). Der gedrungene weiße Bau wurde von 1992 bis 1994 errichtet, ein Wahlgeschenk des einstigen Schleswig-Holsteiner Ministerpräsidenten Uwe Barschel. Grün, rot, blau und orange glänzen in der Sonne auf dem Dach die Gestalten ratloser, verlorener Menschen mit großen Gepäckstücken. **Die Fremden**, bis zu zwei Meter hohe, glasierte Terrakottafiguren von Thomas Schütte, sind allen Flüchtlingen und Verfolgten gewidmet und standen 1992 auf der documenta in Kassel. Vor der MUK liegt das rot-weiße Feuerschiff „Fehmarnbelt", das ebendort jahrelang seinen Dienst versehen hatte. Hinter ihr behauptet sich seit über 20 Jahren das selbstverwaltete Jugendzentrum **Alternative** mit seinen Bauwagen. Dazwischen erinnert die Willy-Brandt-Allee an den Friedensnobelpreisträger, der 1913 in Lübeck-St.Lorenz geboren wurde.

Die **Beckergrube** schneidet eine breite Schneise in die Altstadt. Im **„Wullenwever"**, Nr. 71, ist gut sein: Es ist Lübecks einziges Res-

Vom Abenteuer, in Lübeck ein historisches Haus zu sanieren

An einem Samstagmorgen geht Thomas Schröder ans Eingemachte. Vorsichtig stemmt er in seinem neu erworbenen alten Haus die Rigipsplatten von der Decke. Schmutziggraue Matten aus Glaswolle rutschen ihm entgegen, dahinter kommt eine rötlich-braune Holzdecke zum Vorschein. Ranken, Blumen und Tiere sind zu erkennen. Der Architekt staunt, ist begeistert und gleich im Bilde: eine Malerei aus dem frühen 19. Jahrhundert.

In einer Stadt wie Lübeck ein historisches Gebäude wiederherzustellen, ist ein Abenteuer ganz eigener Art. Haus Nr. 31 in der Mengstraße ist nur eines von fast 1300 denkmalgeschützten Objekten - schon sanierten, wie weiterhin vor sich hinbröckelnden. 1612 errichtet, gilt es als typisches Lübecker Dielenhaus, so benannt nach der fünf Meter hohen Eingangshalle. Zur Straße erstreckt sich eine Backsteinfassade mit einem Treppengiebel. Neben der Diele liegt die Dornse, ein von der dahinterliegenden Küche beheizbarer Aufenthaltsraum. Dahinter führt die Treppe in das Obergeschoss, und eine Tür in den schmaleren Flügel im Hof.

Der Denkmalstechniker erhält den Auftrag, ein „verformungsgetreues Aufmaß" im Maßstab 1:50 zu erstellen. Die erste gründliche Übersicht für den Architekten: Wo liegen, verborgen in dem Wust der Ein- und Umbauten, die tragenden Wände? Wo finden sich verborgene Stützbalken? Wie ist die innere Struktur?

Dann geht es an die Substanz. Um herauszufinden, wie diese erhalten ist, müssen Pappwände herausgerissen, Balken und Fußböden untersucht werden. Der Bauherr stellt einen „Freilegungsantrag". Der Denkmalpfleger sieht sich das Haus an, die Restauratorin beginnt mit ihrer Untersuchung. Sie prüft die Decke: „Biedermeierliche Ausmalung". Auf der östlichen Brandwand entdeckt sie elf Farbschichten übereinander.

Immer klarer erschließt sich der Zustand des Gebäudes. Was gut erhalten ist, stammt meist aus der ersten Hälfte des 19. Jahrhunderts. Was tun? Der Bauherr entschließt sich, das Haus, soweit möglich, im Stil des Biedermeier wieder herzustellen. Die Decke wird restauriert. Die älteren Ornamente auf der Wand kommen unter Japanpapier und wieder unter Putz. „Die nächste Generation soll auch etwas zu tun haben". Die Dornse erhält moderne Fenster. Ebenso der Laden. Die Sanierung soll dem Haus anzusehen sein.

Der Bauherr stellt den Bauantrag. Die Ämter sind am Zug. Der Denkmalpfleger stuft die vorgesehenen Umbauten als „haustypologisch" ein, die Baugenehmigung wird erteilt. Die Handwerker kommen, erfahrene Experten, die mit alten Materialien umgehen können. So verwenden die Maurer nicht etwa gewöhnlichen Zement, sondern Sumpfkalk aus Dänemark. Ein altes Haus arbeitet, Sumpfkalk ist geschmeidig „wie Butter". Kalksandsteine, als Lückenfüller ins Mauerwerk eingesetzt, werden durch alte Backsteine, „Lübecker Klosterformat" ersetzt.

Der Tischler entfernt aus der Hoftüre die geschwungenen, barock überformten Sprossen und ersetzt sie durch gerade, biedermeierliche. Das Glas, das später eingesetzt wird, stammt vom Dachboden des Hauses: Dünne, unebene, leicht schlierige Scheiben.

Im Obergeschoß sind die Stukkateure am Werk. Sie schießen Reetmatten an die Decke und werfen Grundierungsmörtel auf, ehe sie selbstgemischten Stuckgips aufziehen, filzen und abziehen, Gips, der einen besonderen Verzögerer enthält. Welchen? Firmengeheimnis. „Manche nehmen Fischleim, andere Zucker. Wir nicht."
Der Zimmermann hat noch gelernt, eine „Spankopfverbindung mit Scherzapfen und Holznagel" herzustellen, ganz ohne Bleche und Bauschrauben. An tragende Balken lascht er alte Eichenbalken an. Leicht zu verarbeiten sind sie nicht: Hart wie Eisen, nur selten passend in der Breite, manchmal voller Nägel. Keine Probleme gibt es dagegen mit der Imprägnierung: Holz wurde in früheren Jahrhunderten häufig über See geflößt, das Salz aus dem Wasser drang als Schutz in die Stämme.

Im Raum über der Dornse tupft die Restauratorin mit einem Pinsel Farbe an die Decke. Vier Monate Arbeit hat sie für die Restaurierung der 20 m2 großen Holzfläche angesetzt. Mit einem Spezialkleber hat sie die abblätternden Farbmuster wieder an das Holz geklebt. Jetzt ergänzt sie mit Acrylfarbe das frühere Gesamtbild, wie es die Reste vorgeben.

Gearbeitet wird selbst im Keller. In einer Ecke ist ein zwei Meter langer Graben ausgestochen. Die Archäologen sind am Werk. Sie haben nicht nur die Steinmauer eines Vorgängerhauses entdeckt, sondern sind, zwei Meter tief unter der Kellersohle, auf alte Holzbohlen gestoßen, wahrscheinlich aus dem 12. Jahrhundert. Genaueres wird die dendrochronologische Untersuchung ergeben: Moleküle lügen nicht.

Bis zu 15 Fachleute und Handlanger arbeiten an manchen Tagen auf den 780 Quadratmetern Baustelle. 1,4 Millionen Euro fließen insgesamt in die Sanierung. Nicht zuviel, meint Thomas Schröder, um soviel aufgeschichtete Zeit zu bewahren.

Die Musik- und Kongresshalle ist ein Werk des Architekten Meinhard von Gerken

taurant mit Michelin-Stern. Am oberen Ende hat sich das **Stadttheater** auf seinem Sandsteinfries seit 1907 „Dem Wahren, Guten, Schönen" verpflichtet - wobei die Meinungen glücklicherweise immer wieder auseinandergehen, was das denn nun sei. Spielende und musizierende Personen beiderlei Geschlechts zieren leicht bekleidet die Fassade: Apollo vergnügt sich mit den Musen. Die Jugendstil-Ausstattung im Inneren, von 1993 bis 1996 restauriert, gibt jeder Aufführung einen festlichen Rahmen. Wieder zurück an die Trave. Die kleine **Clemensstraße** war einst Lübecks größter Sündenpfuhl. Und noch immer grüßen ein paar holde Damen im lockigen Haar den Passanten erwartungsvoll. Schön ist der Blick in die **Engelsgrube**, mit ihren unterschiedlichen Hausfronten, den Rosenbüschen, den die Straße überspannenden Schwibbögen am Ende und dem Turm der Jakobikirche darüber. Von hier haben Sie Zugang zum **Bäcker Gang** (Nr. 43), zum **Schlachter Gang** (Nr. 50) und zu **Zerrahns Gang** (Nr. 73). **Qualmanns Gang** in Nr. 32 fällt etwas aus dem

Klassische Konzerte aber auch andere Ereignisse finden im Saal der MUK statt

Das Stadttheater in der Beckergrube wurde 1907/08 von M. Dülfer erbaut. Die Sandsteinfassade in kraftvollem Rustiko zeigt Reliefs mit Apollo und Musen. Es ist ein bemerkenswerter Jugendstilbau.

Rahmen. In der ansehnlichen Herberge von 1606 stiegen reisende Kaufleute ab.

Links fließt der Verkehr über die **Drehbrücke**, eine von insgesamt 170 Brücken der Stadt. Samt dem neogotischen Schlösschen, von dem aus man sie in Bewegung setzt, wurde sie 1892 erbaut und funktioniert noch immer. Auf der Kaimauer drängeln sich im Frühling die Heringsangler.

Weiter traveabwärts stehen die alten Hafen-**Schuppen 6** und **Schuppen 9**, in denen Konzerte und Flohmärkte stattfinden. Das langgestreckte rotbraune Gebäude jenseits der Trave, mit viel Glas und grauem Eisen und einem alten Kran davor, sind die **Media-Docks**. In dem bis 2002 modernisierten Speicher der Kaufmannschaft von 1897 haben sich ein Existenzgründerzentrum und eine Schule für neue Medien angesiedelt. Kaum noch zu glauben heute, dass dieses Viertel mit seinen Wasserstraßen und Kaianlagen einst europaweit Bedeutung hatten.

Durch die kurze, hübsche Alsheide gelangen Sie geradewegs in den **Engelswisch**, der mit einem Nebeneinander von unterschiedlich sanierten oder auch ganz neu gebauten Häusern beeindruckt. Ein Abstecher in den **Hellgrünen** und den **Dunkelgrünen Gang** versteht sich von selbst. Eher folkloristisch geprägt ist die schmale Petersilienstraße – mit Petersilie in den Blumenkästen und Matrosenfiguren im Fenster. Ganz am Ende der Untertrave mündet von rechts unter den Hubbrücken und der Burgtorbrücke der **Elbe-Lübeck-Kanal**, hier als Klughafen, was Lübeck ab 1900 endgültig zur Insel machte. Vorher reichte die Wakenitz von Osten bis an die Stadt heran.

Der Himmel überm Publikum ist feinster Jugendstil

Salzwasser-Romantik an der Süßwasser-Trave

Etwa 500 m weiter, an der Ecke Hafenstraße/Konstinstraße erinnert ein einfacher **Gedenkstein** an den Brand vom 18. Januar 1996. Unbekannte hatten die Asylbewerberunterkunft angezündet. In den Flammen starben zehn Frauen, Kinder und Männer aus Zaire, Angola, Togo und dem Libanon. Der Fall wurde nicht aufgeklärt.

Neue Schule im alten Speicher: Die Media-Docks

Vom Leben in den Gängen

So ruhig geht es nicht immer zu

„Wenn Ihnen 48 Leute hintereinander ‚Guten Appetit' gewünscht haben - beim 49. oder 50. vergeht er Ihnen dann doch", sagt eine Dame aus dem „Hellgrünen Gang". „Deswegen haben wir es aufgegeben, draußen zu frühstücken."
Und schon drängt die nächste Gruppe durch den schmalen Tunnel in den verwinkelten Hinterhof mit seinen farbigen Häuschen, den Geranienkübeln und den alten Leuten, die in der Sonne sitzen. Die Gänge sind eine prächtige Sehenswürdigkeit – jeder ein kleines Freilichtmuseum. Nur: In diesen Museen leben Leute. Und die lassen während der Touristensaison so einiges über sich ergehen.
Ziemlich alt sind sie, diese idyllischen Puppenhäuser. So um 1580 weitete sich der Handel der Lübecker Kaufleute enorm aus, das Handwerk blühte, Brauereien und Hafenbetriebe suchten Arbeitskräfte. In der von Wasser umschlossenen Innenstadt drängten sich mehr und mehr Menschen, weil es verboten war, sich außerhalb der Stadtmauern niederzulassen. Platz für Wohnungen war bald nur noch auf den Höfen hinter den Häusern, in denen sich bis dahin Gärten oder Viehställe befunden hatten. Hier bauten die Kaufleute für ihre Tagelöhner lange Reihen ein- oder zweigeschossiger „Buden", zunächst aus Holz, später in Fachwerk oder Stein. Reich und Arm wohnten dicht beieinander.
Benannt wurden die Budenreihen nach den Namen ihrer Besitzer - „Blohm's Gang" -, nach den Berufen ihrer Bewohner - „Schlachtergang" -, oder nach örtlichen Besonderheiten - „Dunkelgrüner Gang". 180 solcher „Wohngänge" wurden um 1700 gezählt. Fast

ein Drittel der Stadtbevölkerung lebte hier, hauptsächlich „Arbeitsleute", Schiffer und Handwerker. Eine Erhebung von 1663 nennt Weinschröter und Heringspacker, Salzwälzer und Kornmesser. Bei den Handwerkern finden sich Lederstauer, Bernsteindreher, Rotgießer und Steinbrügger, aber auch von Soldaten und Bootsleuten ist die Rede.

Meist bestanden die Buden aus einem Raum mit Feuerstelle. Die Böden waren aus Backstein oder Lehm, der Schlafraum befand sich im Dachboden. Der Abstand zwischen den Hausreihen betrug oft nur eineinhalb Meter, in der Mitte lief eine Rinne, in die jede Familie ihre Fäkalien kippte. Seuchen und Epidemien brachen gelegentlich aus, vor allem die Cholera. 1856 war die Kindersterblichkeit in den Gängen dreimal höher als in den anderen Häusern der Stadt. Das Viertel zwischen Hartengrube und Dankwartsgrube galt als die eigentliche Unterwelt Lübecks: Wer in diesem undurchsichtigen Gewirr untertauchte, war der Polizei erstmal durch die Lappen gegangen.

Die Bombardierung Lübecks 1942 riß große Lücken in einige Gangviertel. Die, die übrigblieben, verkamen. Erst 30 Jahre später griff der Gedanke um sich, dass diese alten Viertel erhalten werden müssten. 1972 wies die Stadt drei Sanierungsgebiete aus. Und plötzlich wurde drauflosrenoviert und -restauriert, Innenstadt kam wieder in Mode. Das Ergebnis ist ein kurioses Baugemisch. Stilgetreu konservierte Fassaden finden sich neben putzigem Kitsch, aufregende Verbindungen von Stahl und Balken stehen nahe bei der Postkartenlaube mit Kunststoffenstern und lasierten Ziegeln.

Auf jeden Fall herrscht längst wieder Leben im alten Gemäuer. Touristen haben jede Menge zu gucken. Und sie tun es. Ausführlich. Knapp die Hälfte der heute noch erhaltenen 70 Gänge wird bei

Hinterhofidylle im Bäckergang

Es grünt und blüht im Rosengang

den verschiedenen Führungen angelaufen. Die meisten Stadtführer achten darauf, ihre Touren möglichst bewohnerschonend durchzuführen. Sie bitten die Touristen, leise zu sein und sich nicht gerade die Nase an den Fenstern plattzudrücken.
Der Großteil der Lübecker nimmt die Invasion mit Humor. „Viele Leute, die uns besichtigen, denken, wir wären schrecklich arm", lacht eine Frau im „Branntweinbrennergang". „Man sieht so richtig das Mitleid in den Gesichtern. Andere sagen: 'Ach, wie süß!' und ausgerechnet die kleinen Japaner jubeln: 'Oh look, how small, how nice!"
Und auch sie gibt es noch: Gangbewohner, vor allem jüngere, die Besucher als Gäste empfinden und ihnen Geschichten erzählen, die die Fremdenführer so nicht parat haben: Vom „Dreimädelhaus" im „Grünen Gang" etwa, in dem drei Prostituierte wohnten, oder dem vermögenden alten Mann, der sich, wann immer eine Besuchergruppe vorbeikam, im zerschlissenen Anzug ins Fenster fläzte und mit den Stadtführern Redeschlachten lieferte - in Sachen Stadtgeschichte immer einen Punkt besser im Bild.
Und wenn es dem lübschen Hanseaten am Ende gar zu doll wird mit den wissensdurstigen Besuchern, und er aber doch nichts daran ändern kann, dann macht er eben, was er durch die Jahrhunderte in prekären Situationen immer schon gemacht hat: Er wappnet sich. Mit Gleichmut: „Touristen?", sagt der alte Mann im „Schlachtergang", „Touristen sind ganz nett. Manchmal reden sie in der Mittagszeit ein bißchen viel. Und manchmal spätabends. Aber dat drücken wir weg."

Travemünde – Lübecks schöne Tochter

Ein stolzes Schiff mit bewegter Geschichte: 1911 lief die **Passat** bei Blohm & Voss in Hamburg vom Stapel. 115 m lang, 14,4 m breit, 6,7 m Tiefgang - und wenn sie unter vollen Segeln dahinglitt, blähten sich 4100 m^2 Leinwand im Wind. Einer der schnellsten Lastensegler war sie, der letzte große deutsche Windjammer. Bis sie 1957 in einen Sturm geriet und mit Müh und Not einen portugiesischen Hafen anlaufen konnte. 1959 kaufte Lübeck das angeschlagene Schiff für 315 000 Mark – ein Schnäppchen, wenn man bedenkt, dass die Sanierung 1998 3,6 Mio. Euro kostete. Seitdem verleiht die Passat Travemünde die richtige Portion Salzwasserromantik. Hier lebten immer schon Schiffer und Fischer. 1327 kaufte Lübeck den Grafen von Holstein die Burg an der Travemündung ab und besafl nun endlich die Kontrolle

Die „Passat" ist der besondere Stolz Travemündes

Travemünde mit der Mündung der Trave in die Ostsee

über den Meereszugang. Ein **Leuchtturm** wurde 1539 errichtet. 1829 erneuert steht er noch heute, der älteste an der Ostsee. Die **St.-Lorenz-Kirche**, inmitten eines Viertels gemütlicher kleiner Häuser, stammt aus dem 16. Jh und 17. Jh. Das große Triumphkreuz hing schon in der alten Fischerkirche zuvor. Die Balkendecke wurde 1602 mit den roten und grauen Ornamenten bemalt.

Travemündes Aufschwung begann im frühen 19. Jh. Damals propagierten robuste Frischluftfanatiker einen neuen Gesundheitstrend: Das Bad im Meer. Ein paar unternehmungslustige Herrn gründeten eine Badeanstalt, und schon 1802 wurde Travemünde zum Seebad erklärt, nach Heiligendamm und Norderney. Joachim Grube kaufte 1814 die Anstalt, baute ein Logierhaus dazu und stellte Wannen auf – mit Warmwasser, für verzärtelte Frostbeulen. 1815 wur-

Auf den Planken eines Windjammers, des berühmten P-Liners „Passat"

St. Lorenz, Travemündes historischer Mittelpunkt

Die Speisekarte

Was isst er eigentlich, der Hanseat lübscher Prägung, wenn ihm nach Feiertag zumute ist? Was speist die Gefährtin, wenn der kleine oder große Hunger sie überkommt? Nun, ganz klar: Paella Valenciana, Tandoori-Huhn, Zürcher Geschnetzeltes und hausgemachte Tagliatelle mit Pfifferlingen. Das ganze internationale Programm eben, wie die Feinschmecker im restlichen Europa auch. Und werktags die Döner/Burger/Pizza-Schiene. Wenn es Ihnen also zufällig gelingt, einen Blick in die Küche eines Ganghauses zu erhaschen - wundern Sie sich nicht: Dort köchelt nicht der Labskaus in der Pfanne. Dort brutzeln Scampis auf dem Grill.

Ein paar durchaus erfreuliche kulinarische Erinnerungen an frühere Zeiten haben sich freilich erhalten: Besagter Labskaus etwa, das Kombüse-Reste-Verwertungs-Gericht. Zwar gibt es die Mischung aus Kartoffelbrei, Rote Bete, Corned Beef (das ursprüngliche Pökelfleisch verwendet fast niemand mehr), Matjes und Spiegelei nur noch selten im Restaurant, und er ist auch nicht jedermanns Sache. Schmeckt aber, um das festzuhalten, richtig gut.

Im Winterhalbjahr nach dem ersten Frost sollten Sie auf jeden Fall Grünkohl probieren. Krosche Röstkartoffeln gehören dazu, die Kohlwurst mit scharfem Senf auch, das Stück Schweinebauch ist Ansichtssache. Man darf, man kann, aufgepasst, Zucker darüberstreuen. Man soll, nein man muss hinterher mit einem Aquavit durchfeuchten. Wer aber meint, er habe das Mahl traditionshalber eher mit Rode Grütt samt Sahne abzuschließen, liegt stilistisch sicher genauso richtig.

Natürlich ist, 15 km von der Küste entfernt, Fisch in jeder Form ein Vergnügen und ein Muss. Auch wenn Dorsch, Scholle, Seelachs und Steinbutt mittlerweile gewaltig im Preis angezogen haben und sehr oft nicht mehr aus der Ostsee stammen, sollte man sie sich nicht entgehen lassen. Ob in Eihülle, Senfsoße, Wurzelsud oder Wein – frischer Fisch bleibt die Königsdisziplin hanseatischer Kulinarik. Auch der Hering wird oft sträflich unterschätzt.

Matjes in allen Variationen sind ein Gedicht. Und natürlich der exzellente Räucherfisch: Schillerlocken, Makrele, Butterfisch, Lachs. Am besten kauft man ihn frisch auf dem Wochenmarkt am Brink oder auf dem Brolingplatz. Und nimmt sich auch gleich ein Pfund Krabben mit – ungeschält natürlich, Krabbenpulen macht Besucher und Besucherin schon halb zu Norddeutschen. Als Belohnung für die Mühe gibt es einen kleinen Stadtspaziergang, gekrönt von einer großen Tüte Niederegger-Eis, direkt vom Stammhaus in der Breiten Straße. „Knusper-Trüffel“ sei ans Herz gelegt, und „Pflaume/Zimt“. A propos Niederegger: Für Liebhaber größerer Mengen des süßen Stoffes empfiehlt sich ein Besuch in der Fabrik in der Zeißstraße. Dort verkauft die Firma gebrochene Herzen und angestoßene Marzipankartoffeln zu durchaus gefälligen Preisen.

den Schiffsverbindungen mit Russland aufgenommen, sieben Jahre später eine **Spielbank** eröffnet (die 1871 wieder schloss und 1912 in der jetzigen Form neu erbaut wurde).

Travemünde kam europaweit in Mode: Wilhelm II. reiste an, es kurten Gogol und Richard Wagner, Dostojewski und Wilhelm Raabe. Und Thomas Mann natürlich auch. 1898 baute die Stadt eine neue Strandpromenade und übernahm die Badeeinrichtungen.

Nach dem 2. Weltkrieg versuchte Travemünde, an vergangenen Glanz anzuknüpfen. 1957 wurde es Heilbad. 1962 erhielt es im Brügmann-Garten Konzertmuschel und Kursaal. Ein neues Strand-Centrum wurde gebaut und 1973 das 125 m hohe **Hotel Maritim** errichtet, von dessen Dach heute das Leuchtfeuer die Schiffe warnt. Seitdem unternimmt Travemünde alle Anstrengungen, den Nimbus des klassischen Seebads mit den Erwar-tungen heutiger Touristen in Einklang zu bringen: Leger und stilvoll zugleich soll es zugehen. Den Anglern auf der Mole zusehen oder eine Glückssträhne auskosten im frisch renovierten Casino; über die großzügig neugestaltete Vorderreihe mit ihren gepflegten Cafes bummeln oder im Fischereihafen frischen Dorsch kaufen, direkt von dem Mann, der ihn gefangen hat; ein Sonnenbad nehmen am Teich im Godewindpark - alles ist möglich. Und natürlich das Planschen im Meer, mit oder ohne Kleidung. Am Anfang der Strandpromenade müht sich Guillermo Steinbrüggens steinerner „Auseinandersetzer“ mit seinem Stein. An ihrem Ende, hinter der Badeanstalt Mövenstein beginnt die Natur: Direkt an der Abbruchkante des **Brodtner Ufers** führt der Wanderweg 10 bis 20 m über dem

Flotte Töne an der Konzertmuschel

Frische Schollen vom Kutter

COLUMBIA Hotel Casino Travemünde

Sehen und Gesehenwerden heißt es an der Vorderreihe

Meer zur Gaststätte „Hermannshöhe“ (Ausdauernde schaffen auch die 5 km bis Niendorf). Jedes Jahr nimmt er stückweise einen neuen Verlauf: Die Ostsee nagt an der Steilküste und holt sich das Land Meter für Meter zurück – ein grandioses Schauspiel, wenn Sturm herrscht.

Natur findet sich auch auf dem **Priwall**, jener mecklenburgischen Halbinsel, die nach dem Krieg bei Lübeck blieb. Gegenüber dem Polizeigebäude, der **Lübschen Vogtei**, einem Renaissancebau von 1600, legen die Autofähren über die Trave ab. Eine Fußgängerfähre verkehrt auf Höhe des Maritim. Vor dem langen Sandstrand drüben plätschert viel kinderfreundlich flaches Wasser. In den Sanddornsträuchern und

Erst am Abend leert sich der Strand

Sonne, Sommer, Badeleben – dafür ist Travemünde bekannt

Erlenbüschen des Naturschutzgebiets nisten Zaunkönig und Kleiber.

Seinen Ruf als größter Fährhafen Europas verdankt Travemünde dem **Skandinavienkai**. Täglich legen hier Dutzende von Fähren nach Skandinavien, Russland und ins Baltikum ab. LKWs rollen in langen Reihen an und von Bord, Container warten auf den Weitertransport. Die Seefahrt ist immer noch zu Hause in Travemünde – in ihrer modernsten Form.

Der Skandinavienkai ist Europas wichtigster Fährhafen

Lübeck ist eine grüne Stadt. Eine Schifffahrt rund um die Insel zeigt das sehr eindrücklich. Im weiteren Umkreis liegen 24 schützenswerte Flächen: Wälder, Moore, sandige Wiesen. Einzigartig ist ein Schiffsausflug auf der **Wakenitz** nach Ratzeburg. Der mit 14,5 km kürzeste Wasserlauf Deutschlands hat keine eigene Quelle: Er ist die Verbindung zwischen Ratzeburger See und Trave. 1291 kaufte die Stadt die Wakenitz dem Herzog von Sachsen ab, staute sie, um Mühlen anzutreiben, und bezog daraus ihr Trinkwasser. Nach dem 2. Weltkrieg verlief die Grenze zur DDR am östlichen Ufer. In der Pufferzone entwickelte sich ein einzigartiges Biotop. 2066 Tier- und Pflanzenarten, ergab eine Zählung 1999, fühlen sich in den Laubwäldern, Erlenbrüchen, Schilfgürteln und Sümpfen zu Hause. Die Ausflugsschiffe starten an der Moltkebrücke. Und ziehen gemächlich zwischen tiefhängenden Bäumen, Seerosenfeldern, schwirrenden Eisvögeln und stahlblitzenden Libellen über das ruhige Wasser des „Amazonas des Nordens“.

In den Stadtteilen Israelsdorf und Karlshof erstreckt sich entlang der Trave das Naturschutzgebiet **Schellbruch**. Auf weiten Schilfflächen und Lagunen herrscht lebhaftes Vogeltreiben. Enten schnattern, Kormorane jagen, Schwäne geben sich majestätisch. Im Frühling und Herbst machen Tausende von Gänsen aus Skandinavien Rast. Schautafeln erklären das ornithologische Geschehen. Ein schöner Spazierweg führt hindurch und auf den alten Treidelpfad, auf dem einst Arbeiter mit langen Seilen die Schleppkähne die Trave hoch zogen.

Auf den Trockenrasen am **Dummersdorfer Ufer** neben dem Skandinavienkai in Travemünde wachsen wärmeliebende Pflanzen wie Schafschwingel und Borstgras und werden von seltenen Schmetterlingen umflattert. Beobachten lassen sie sich von einem Rundweg aus.

Im Stadtgebiet selbst lädt der **Stadtpark** mit seinen heimischen und exotischen Bäumen, seinen Rosenrabatten und Teichen zu einem Picknick. Auch der **Schulgarten** an der Falkenwiese im Stadtteil St. Jürgen ist eine kleine Oase der Ruhe. Der **Stadtökologische Pfad** führt an Orte, an denen sich Pflanzen und Tiere ihren eigenen Lebensraum in den Mauern erobert haben. Informationen dazu erhalten Sie im Bürgerzentrum im Kanzleigebäude.

Dummersdorfer Ufer: Für Pflanzen, die es trocken mögen

Lübeck für Kinder

Alle Jahre wieder, zur Adventszeit, wächst im Schatten von St. Marien der **Märchenwald** mit seinen Kiefern in die Höhe. Hänsel und Gretel naschen vom Pfefferkuchenhaus, Dornröschen schläft tief und fest und die Sieben Geißlein flüchten vor dem Wolf - Szenen aus 21 Märchen der Gebrüder Grimm werden von beweglichen Figuren nachgestellt.

Im Sommer treten auf der **Freilichtbühne** in den Wallanlagen Pippi Langstrumpf und Co. extra für Kinder auf. An der Falkenwiese und auf Marli haben die **Schwimmbäder** geöffnet, an der Moltkebrücke sind Paddel- und Tretboote zu mieten, im Drägerpark warten Spielgeräte. Auf dem **Waldspielplatz** in Israelsdorf, mit seinen Kletterbäumen, hohlen Stämmen und dem schönen Marterpfahl lässt sich prima toben. Gleich nebenan, im **Tierpark**, buckeln Büffel, zetern Pfauen, stolzieren Dromedare und tummeln sich fast 300 andere Tiere aus aller Welt. **Skater** finden Pipes und Rampen an der Kanalstraße. Das Marionettentheater spielt das ganze Jahr über, die Jugendbücherei in der Hundestraße hält Lektüre für alle Altersstufen bereit. Und wer besonders nette Eltern hat, darf bestimmt auch mal einen **Ausflug** mit ihnen unternehmen: In den Vogelpark oder ins Sea Life Centre in Timmendorfer Strand. Zum Eselpark in Nessendorf. Oder gar in den Hansa-Park in Sierksdorf, den abwechslungsreichen Freizeitpark am Meer für die ganze Familie.

Mindestens 1x im Jahr ein Besuch im Hansa-Park ist für Kinder ein Muss, – aber auch für die Großen

Lübeck festlich

Für Liebhaber **klassischer Musik** ist Lübeck das ganze Jahr ein klingendes Fest. Orgelkonzerte in den Kirchen, das Schleswig-Holstein-Musikfestival, öffentliche Vorführungen der Musikhochschule, große Symphoniekonzerte, Opern, ein Brahms-Festival im April - willkommen in der Welt der schönen Töne. Auf alle, die das gesprochene Wort vorziehen, warten vier **Theater** mit einem abwechslungsreichen Programm.

Feste feiert Lübeck wie sie fallen. Und wenn keine anstehen, werden neue erfunden. Mit anderen Worten: Eigentlich tanzt hier immer der Bär.

Alle zwei Jahre verwandelt das **Altstadtfest** die Innenstadt in eine turbulente Partymeile. Live-Musik, Stände mit kulinarischen Häppchen, Kleinkunst und Verkaufsbuden für Schnickschnack und schöne Dinge locken am zweiten Septemberwochenende Hunderttausende. Im März und Oktober gastiert der **Rummel** auf dem Volksfestplatz. Drachen in den verwegensten Formen segeln im April und Oktober über den Strand von Travemünde. Der Mai gehört den Schwertschmieden, Spießbratern und Wahrsagerinnen auf dem **Markt „Anno Dazumal"**. Im Juni ziehen schwer geschmückt die Festwagen des Volks- und Erinnerungsfestes durch die Straßen. Während der **Travemünder Woche** im Juli wird gesegelt, was die Spinnacker halten. Das Duckstein-Festival im August bringt leckeres Futter, Comedy, Rock, Jazz und Folk am Traveufer zusammen. Beim Hafenfest im September kommen bei Backdorsch, steifem Grog und Buddelschiffen Seh-Leute und Landratten gleichermaßen auf ihre Kosten. Die **Nordischen Filmtage** im November zeigen neue Streifen aus Skandinavien und dem Baltikum. Im Dezember aber geht es richtig los: Wer für **Weihnachten** einkaufen und sich in die passende Stimmung bringen will, kommt um Lübeck nicht herum: Lange Schlangen bilden sich vor dem Kunsthandwerkermarkt im Heiligengeist-Hospital. In den sonst nicht zugänglichen Kabäuschen erwarten sorgfältig ausgesuchte Holz-, Papier-, Schmiede- und Webarbeiten die Käufer. Auch St. Petri öffnet seine Halle einem Kunsthandwerkermarkt.

Im Schuppen 9 an der Untertrave sind überwiegend maritime Geschenke zu finden: Schiffsglocken, alte Seekarten, Literatur. Da will nun auch das Budden-brookhaus nicht abseits stehen. Und reiht sich ein mit Weihnachten bei den Buddenbrooks.

Auf dem Markt, in der Breiten Straße und auf dem Koberg riecht es nach gebrannten Mandeln und Glühwein. Schon 1648 wurde dieser Markt erwähnt. Schuster, Zinngießer, Drechsler und Gipsfigurenmacher boten damals ihre Erzeugnisse an. Wieder einmal schließt sich über Jahrhunderte hinweg der Kreis. So ist das nun einmal in Lübeck.

Alle Jahre wieder taucht Weihnachten den Markt in Lichterglanz

11. November 89 – die Grenze ist auf

Sie kommen, die Bürger aus der DDR. 20 000 oder 25 000 sind es an diesem Samstag. „Ossis begrüßen" wird zum Wochenendsport vieler Lübecker. Am Grenzübergang Schlutup applaudiert die Menge jedem Neuankömmling, Trabis in der Innenstadt werden mit Blumen und Marzipan geschmückt, man reicht Obst und Süßigkeiten in die Wagen. Kinder plündern ihre Sparschweine und Rentner zücken das Portmonee.

Ab Samstagmittag dominieren Kunstleder und Windjacken auf den Bürgersteigen Lübecks. Jede auch nur halbwegs zugängliche Stelle ist mit einem Wagen aus der DDR zugestellt. Gegen 12 Uhr gehen der Stadt die Begrüßungs-Hundertmarkscheine aus, die jeder DDR-Bürger einmalig erhält. Kaufhäuser finanzieren ihre am Nachmittag zu erwartenden Einnahmen erst einmal vor und helfen mit Bargeld aus.

Mehrere hundert Meter lang erstrecken sich die Schlangen vor den verschiedenen Auszahlungsstellen zeitweise. Erst gegen 15 Uhr nehmen sie ab. Durch die Fußgängerzone schieben sich Menschenströme, über der Menge liegt eine Atmosphäre fröhlicher Aufgekratztheit. Viele Geschäfte bleiben geöffnet. Vom Lastwagen gibt es die Dose Cola für 50 Pfennig, der BGS wirbt mit Erbsensuppe. In stillen Ecken verzehren erwachsene Männer mit großem Ernst Hamburger aus der Plastikbox. Familien lassen sich vor Gemüseauslagen fotografieren.

Am Sonntag bringen die großen Kaufhäuser nicht mehr genügend Personal zusammen und bleiben geschlossen. Bittere Enttäuschung vor den Schaufenstern, umso dichter das Gedränge in den kleineren Läden. Ein Jeanshändler „vergütet Gästen aus der DDR 10.- beim Kauf jeder Hose", ein Modegeschäft hält für „unsere Landsleute aus der DDR" eine kostenlose Überraschung bereit, ein Kaufhaus offeriert den „lieben Landsleuten" eine Tasse Kaffee umsonst. Und es gibt wieder Bananen. Obsthändler müssen während der Nacht Kühlhäuser gestürmt haben. Und das jahrzehntelang hochgehaltene Symbol von DDR-Mangel und BRD-Überfluss wird wieder kartonweise angeboten. Am Vortag waren sie ausverkauft.

Am Sonntagabend leert sich die Stadt: Die hundert Lübeckerinnen und Lübecker, die dem Aufruf des NDR gefolgt sind, sich einen echten DDR-Bürger zum Übernachten nach Hause zu holen, stehen ein bisschen ratlos in der Kälte auf dem Markt: Keiner mehr da. Ein neues Kapitel Geschichte hat begonnen. Ohne sie.

Ausflüge in die Nachbarschaft

Auch manche von Lübecks Vorstädten sind einen Abstecher wert. In **Moisling** liegt der jüdische Friedhof, der allerdings nur auf Voranmeldung zu besuchen ist. Von Marli führt der Drägerwanderweg an der Wakenitz entlang bis zum Waldhotel „Müggenbusch". An **Gothmund** scheint die Zeit vorbeigezogen zu sein - wie einst Napoleons Truppen, denen das kleine Fischerdorf an der Trave schlichtweg entging. Reetgedeckte Häuser ziehen sich den Hang hinauf, im winzigen Hafen dümpeln ein paar Kutter vor sich hin. Was sie von der Ostsee nach Hause bringen, kommt in der „Fischerklause" auf den Tisch. Für den Verdauungsspaziergang danach bietet sich der alte Treidelpfad entlang der Trave an.

An die große Zeit Lübecks als Industriestandort erinnert die **Geschichtswerkstatt Herrenwyk**. Die Austellung im einstigen Werkskaufhaus der Metallhütte dokumentiert, wie die Arbeiter wohnten, kochten, schufteten und den gewerkschaftlichen Widerstand organisierten. Hinter **Schlutup** schließlich war einst die Bundesrepublik zu Ende. Die Grenzbefestigungen der DDR schnitten bis 1989 die Mecklenburgische Straße entzwei. Heute ist davon nichts mehr zu sehen – Geschichte hat manchmal ein kurzes Gedächtnis.

Nördlich von Lübeck, inmitten der sanften Hügel, Mischwälder und zahlreichen Seen der Holsteinischen Schweiz, erwartet Sie die „Rosenstadt" **Eutin**. „Weimar des Nordens" nannte man sie um 1800, ihres reichen Kulturlebens wegen. Der Komponist Carl Maria von Weber wurde 1786 hier geboren. Ihm zu Ehren werden im Juli und August auf der **Freilichtbühne am See** Opern aufgeführt. Der Schlossgarten, einer der schönsten Norddeutschlands, 1776 als englischer Landschaftsgarten angelegt, und das barocke Schloss, das sein jetziges Aussehen von 1707 bis 1729 erhielt, bilden eine wunderschöne Kulisse für die Chöre und Arien. An Johann Heinrich Wilhelm Tischbein, den romantischen Maler, bekannt geworden durch sein

Gothmund scheint von der Welt vergessen

Schloss Eutin – einst Residenz der Fürstbischöfe

Gemälde „Goethe in der Campagna“, erinnert eine Ausstellung in seinem einstigen Wohnhaus. Wer schließlich Brief- oder andere Freundschaften in Eutin sucht, schreibt sein Anliegen auf – und wirft den Brief einfach in die 500 Jahre alte „Bräutigamseiche“: Als einziger Baum hat sie ein eigenes Postfach.

In **Mölln**, südlich von Lübeck, soll **Till Eulenspiegel** um 1350 gestorben sein. An den klugen Narren erinnern ein Gedenkstein und der Eulenspiegelbrunnen von Karlheinz Goedtke auf dem Marktplatz. Das Eulenspiegelmuseum zeigt Gemälde, Plastiken und Bücher, und manchmal soll der Schalk noch selbst leibhaftig durch die Straßen ziehen... Einen schönen Rundblick über die Stadt und ihre St. Nicolaikirche bietet der Alte Wasserturm, in dem zudem eine naturkundliche Ausstellung untergebracht ist.

Die Nachbarstadt **Ratzeburg** ist von gleich vier Seen umgeben. Den beeindruckenden romanischen Backsteindom (1154–1220) hat Heinrich der Löwe gegründet. Alte Grabplatten, die geschnitzte Renaissancekanzel von 1576, eine Triumphkreuzgruppe von 1260 und der schöne Kreuzgang machen ihn äußerst sehenswert. Im Innenhof findet sich Ernst Barlachs „Bettler auf Krücken“, weitere Plastiken des Künstlers (1870-1938) zeigt das **Barlach-Museum** im „Alten Vaterhaus“. Das **A. Paul Weber Haus** zeigt Werke dieses zeitkritischen Grafikers u. Malers (1893–1980). Im Haus Mecklenburg sieht man Werke mecklenburgischer Künstler, alte Trachten u. eine Ausstellung zur Fischerei. Im Herrenhaus (1764) der Herzöge von Mecklenburg sind die Sammlungen des **Kreismuseums** zu sehen, im Rokokosaal finden Konzerte statt.

Der idyllische Markt der Eulenspiegelstadt Mölln

Ratzeburgs roman. Dom u. das Herrenhaus der Herzöge v. Mecklenburg

Wismar im Osten Lübecks war gleichfalls eine **Hansestadt** – reich, schön, mit drei gotischen Kirchen und bewegter Geschichte. 1648 wurde die Stadt an Schweden abgetreten, 1803 an Mecklenburg verpfändet und erst 1903 endgültig zurückgegeben. Viele Spuren erinnern noch an die Schwedenzeit: Kommandohaus, Zeughaus, Provianthaus, die bunten „Schwedenköpfe" am Hafen und der Schwedenstein, ein 400 Zentner schwerer Fels, in den die Wappen Wismars, Schwedens und Mecklenburgs eingeschlagen sind. Mehr Stadtgeschichte finden Sie im Museum „Schabbelhaus", gut essen können Sie im „Alten Schweden"am Markt, einem Bürgerhaus von 1380, das seit 1878 eine Gaststätte beherbergt. Im Alten Hafen mit seinem spätgotischen Wassertor liegen Fischkutter und historische Segler, in den Kneipen lebt noch ein Stück Seefahrerromantik fort und erinnert an die noch gar nicht so ferne Zeit, als Wismar den größten Hafen und die zweitgrößte Werft der DDR hatte.

Ein Besuch in Wismar lohnt allemal, hier ein Blick in den alten Hafen

Sach- und Personenregister Seite

Seite

Lübeck wichtige Adressen

Lübecker Verkehrsverein e. V.
Internet:
www.luebecker-verkehrsverein.de
bis Juni 2004 Holstenstr. 20
ab Juli 2004 Linden Arcaden
Konrad-Adenauer-Str. 6
23558 Lübeck
Telefon:

Zentrale	(04 51) 7 23 00
Stadtführungen	(04 51) 7 23 39
Ferienwohnungen	(04 51) 7 64 60
Gruppen	(04 51) 7 02 02 78
Fax	(04 51) 70 48 90

E-Mail: Touristenservice@luebecker-verkehrsverein.de

LÜBECK Travemünde Marketing
Telefon: (04 51) 88 99 700
E-Mail: info@luebeck-tourismus.de
Fax (04 51) 40 91 992
Internet: www.luebeck-tourismus.de
Lübeck und Travemünde
Marketing GmbH
Holstentorplatz 1
23552 Lübeck

Lübecker Stadtführer e. V.
Internet: www.luebecker-stadtfuehrer.de
Tel. (04 51) 59 62 20
E-Mail: info@luebecker-stadtfuehrer.de

Ratzeburg-Information
Schlosswiese 7, 23909 Ratzeburg
Tel. (0 45 41) 85 85 65, 80 00-80
Fax (0 45 41) 53 27
Internet: www.ratzeburg.de

Stadt Mölln
Wasserkrüger Weg 16
23879 Mölln
Tel. (0 45 42) 70 90, 70 99
Fax (0 45 42) 8 86 56
E-Mail: ferien@moelln.de
Internet: www.moelln.de

Stadt Eutin
Markt 1, 23701 Eutin
Tel. (0 45 21) 7 93-0
Fax (0 45 21) 56 36
E-Mail: poststelle@eutin.de
Internet: www.eutin.de

Hansestadt Wismar
Touristinformation Wismar
Am Markt 11, 23966 Wismar
Tel. (0 38 41) 2 51 30 25
Fax (0 38 41) 2 51 30 91
E-Mail: touristinfo@wismar.de
Internet: www.wismar.de